Madrid

Manuel García Blázquez / Maria Anna Hälker

Terrasse des Café El Espejo

Inhalt

Bienvenidos

Madrid im Internet	5
Willkommen	6
Geschichte	12
Gut zu wissen	14
Sprachführer	18
Reise-Infos → *Notfall*	20

Zu Gast in Madrid

Übernachten

Günstige Hostales	29
Moderate Unterkünfte	30
Gehobener Komfort	31
Hotels der Oberklasse	33
Apartment-Hotels	34
Jugendherbergen, Camping	35

Essen & Trinken

Kulinarisches Lexikon	38
Cafés	40
Günstige In-Lokale	41
Internationale & lateinamerikanische Küche	43
Spanische Regionalküche	44
Spitzenreiter	47
Tapas	48
Typisch Madrid	50
Vegetarisch	51

Einkaufen

Antiquitäten	53
Bücher & CDs	53
Delikatessen & Lebensmittel	53
Floh- & Straßenmärkte	55
Geschenke & Kurioses	56

Besucher vor dem Prado

Kaufhäuser & Ladengalerien	57
Mode	58
Schmuck	59
Musikinstrumente	60
Schuhe	60
Traditionsgeschäfte	60
Wohndesign	61

Ausgehen
Cervecerias & Tabernas	63
Cocktails	64
Diskotheken & Disco-Bars	64
Musik-Bars	65
Latino-Musik	67
Irische Pubs	68
Gays & Lesben	69

Unterhaltung
Feste & Festivals	71
Flamenco	73

12 Highlights

Restaurants in der Cava Baja	46
Rastro – Der weltberühmte Flohmarkt	55
Calle Serrano – Exklusive Shoppingmeile	58
Die Tavernen des Literatenviertels	63
Calle de Alcalá – Boulevard mit Prunkfassaden	87
Monasterio de las Descalzas Reales	90
Palacio Real – Das Königsschloss	90
Plaza Mayor – Madrids historischer Stadtplatz	95
Kunstzentrum Centro de Arte Reina Sofía	99
Prado – Die berühmte Pinakothek	100
Museo Thyssen-Bornemisza	101
El Retiro – Madrids schöner Stadtpark	103

Inhalt

Jazz	74
Konzerte	75
Kulturzentren	76
Oper & Zarzuela	77
Theater	77
Stierkampf	78

Unterwegs mit Kindern — 79

Aktiv in Madrid — 80

Sehenswert

Stadtviertel – Barrios	83
Gebäude, Straßen & Plätze	86
Museen	97
Parks und Gärten	102

Ausflüge — 104

Extra-Touren

Tour 1: Madrider Plätze	108
Tour 2: Tavernenbummel	110
Tour 3: Brunnen und Wasserspiele	112
Tour 4: Von Legenden, Heiligen und Volksfesten	114
Tour 5: Traditionsläden	116
Register	118
Impressum/Fotonachweis	120

25 Reisetipps

Madrid Card	15	Am Ende der Nacht...	66
Sicherheit	17	Nächte unter freiem Himmel	68
Hotelpreise und Sondertarife	29	Flamenco in Madrid	72
Schöne Schwestern – Ritz und Palace	34	Calle 54: Jazz für Gourmets	74
Hotelketten im Internet	35	Sonntagskonzerte im Retiro	75
Frühstück mit *churros* und *porras*	37	Tipps für Cineasten	76
Tertulia-Cafés	40	Spaziergang im Barrio de los Austrias	83
Marisco!	45	Tipps für Wochenendtrips	86
César und die Casa Montes	48	Plätze mit Aussicht – auf Königsschloss und Kathedrale	92
Cocido Madrileño	51	Im Bus 27 die Castellana hoch	93
Markthallen	54	Tipps für Museumsbesuche	97
Museumsshops	56	Im Teleférico zur Casa de Campo	103
Szene-Shopping in Chueca	57		

Madrid im Internet

Surftipps

Die Suchmaschine www.google.de bietet unter dem Stichwort ›Madrid‹ eine Reihe an Links zu stadtspezifischen Themen und Adressen, etwa zur Stadtverwaltung, der Madrider Börse, den Universitäten, zu den wichtigsten spanischen Tageszeitungen mit Madrider Lokalteil, aber auch zu Reisedienstleistern. Die meisten Madrider Hotels verfügen über eine eigene www.-Adresse, die es ermöglicht, online zu reservieren, nach Sonderangeboten zu suchen oder sich ein genaueres Bild vom Haus zu machen (s. auch S. 35).

Länderkennung Spanien: es

www.tourspain.es/aleman

Die offizielle Seite des Spanischen Fremdenverkehrsamtes Turespaña gibt es auch in Deutsch. Nach Provinzen bzw. Orten kann man hier nach Unterkünften, Sport- und Wellnessangeboten sowie Gastronomie-Tipps, Festen und Events suchen. Ein umfangreiches und gepflegtes Informationsangebot.

www.madrid.org/turismo

Offizielle Seite der Comunidad de Madrid. Den runden Button mit der deutschen Fahne anklicken, wenn man die Infos in Deutsch möchte. Unterkünfte, Museen, Aktivitäten, Events und auch die Umgebung Madrids werden umfassend präsentiert.

www.descubremadrid.com

Umfassende touristische Infos über Madrid und touristische Serviceangebote. Für Restaurants, Kneipen, Hotels u.ä. gibt es eine Suchfunktion nach Adressen mit Hilfe von Schlagworten. Infos zu Oper, Theater, Musik, Kino, Transport, Shopping u.v.m. Auch in Englisch.

www.munimadrid.es

Offizielle Webseite der Stadt, auch in Englisch. Wissenswertes über Madrid und über die Stadtverwaltung, Informationen und Ratschläge des Bürgermeisters und der Parteien. Dazu viele touristische Serviceinfos und Adressen zu Unterkünften, Restaurants, Tavernen, Nachtleben, Einkaufen, Museen, Kulturevents, öffentlichen Verkehrsmitteln.

www.patrimonionacional.es

Webseite des Patrimonio Nacional mit Infos zu den Königsschlössern und Klöstern. Mit virtueller Besichtigung der Anlagen und Innenaufnahmen. Sehr schön zur Einstimmung, auch in Englisch.

www.guiadelocio.com/madrid

Online-Version des aktuellen Veranstaltungsmagazins, auch in Englisch. Umfassende und absolut aktuelle Infos zu Kino, Theater, Konzerten, Festen, Restaurants, Hotels, Kneipen und auch zu Messen oder Unternehmungen mit Kindern.

www.lanetro.com

Detaillierte Infos zu Restaurants, Kinos, Theater, Kulturveranstaltungen, Tavernen und Kneipen.

www.timeout.com

Der TimeOut Guide (Stadtführer) als Online-Version. Nach Madrider Vierteln gegliedert, kann man nach Hotels, Restaurants, Bars, Cafés oder Geschäften suchen, immer mit Preisangaben und Beschreibung.

www.wetteronline.de

Das Wetter in Madrid: aktuelle Vorhersagen für die nächsten Tage.

Bienve

Madrid ziert sich nicht, es ist eine Stadt zum Anfassen. Lebenssüchtige fühlen sich hier schnell wohl. Die Stadt ist dem Augenblick verhaftet, der Leichtigkeit und Lebensfreude. Sie verlangt nichts weiter, als alle Sinne zu öffnen. Nicht auf die Uhr zu schauen. Den Lärm einer Millionenmetropole wegzustecken. Wolkenlose, blaue

nidos

Himmel zu mögen. Die Mühlen der Bürokratie dadurch zu ertragen, dass jeder im Übrigen in geradezu anarchistischer Weise macht, denkt und tut, was er will. Flüchtige Begegnungen und Freundschaften fürs Leben gleichermaßen wichtig zu nehmen. Alles und nichts zu erwarten.

Madrider Szenen: bei Tag ...

Willkommen

Eine Stadt mit Temperament

Grenzenlos blau, von einer ansteckenden Heiterkeit, ist der Himmel über der Metropole. Ob Frühling, Sommer, Herbst oder Winter – ungemütliche Tage sind höchst selten. Selbst im Winter setzt die Sonne ihre wärmende Kraft durch. Allenfalls im Hochsommer flüchtet man vor der Mittagshitze in kühlere Gebäude oder in den Schatten eines Baumes im Stadtpark El Retiro.

Ob Alltag oder Festtag – die Straßen und Plätze der Stadt sind daher zu jeder Stunde bevölkert. Abends zieht es die Bewohner der Viertel, der *barrios*, zu ihren *plazas*, als wollten sie am Ende des Tages ein letztes Schwätzchen halten und sich *buenas noches* wünschen. Nachts streifen vor allem die jungen Leute mit Freunden durch die Stadt, man isst *tapas*, macht einen Kneipenbummel und stürzt sich danach vielleicht noch in das berüchtigte Madrider Nachtleben, das gegen Mitternacht erst richtig beginnt.

Laut Statistik ist Madrid nach Tokyo die lauteste Stadt der Welt. Laut Statistik. Wie allen Aussagen aus irgendeinem bürokratischen Apparat, von ›oben‹, misstrauen die Städter auch dieser Statistik. Wahrscheinlicher scheint ihnen, dass Madrid die lauteste Stadt der Welt ist. Wenn man alles zusammenzählt, den Verkehrslärm und das Gehupe der Autokolonnen, das Tatü-Tata von Polizei, Feuerwehr und Krankenwagen, nicht zu vergessen den Nachtlärm von Menschen und Musikboxen – dann lässt sich die *contaminación acústica* (›akustische Kontaminierung‹) Madrids gewiss nicht mehr übertreffen.

Wandlungsfähig und kosmopolitisch

Madrid ist eine energiegeladene Stadt, ständig im Wandel, ständig anpassungsbereit und fähig, Neues aufzunehmen. Eine Fähigkeit, die die Stadt im Laufe ihrer Geschichte erworben hat. In einer ersten Siedlung am Manzanares-Flüsschen mussten sich Christen, Muslime und Juden miteinander arrangieren. Dann beschloss Philipp II., Sohn Karls V., 1561 unversehens, mit seinem Hof in das 3000-Seelen-Dorf zu übersiedeln. Er wollte Spanien aus seiner Mitte regieren. Und genau in der geografischen Mitte lag nun einmal der Flecken namens Madrid. Also kamen königliche Beamte, feine Herren mit ihren Damen, und Adel zog in die Stadt. Zu den Lehmhäusern gesellten sich alsbald Paläste, und in der Umgebung schufen sich die spanischen Könige prachtvolle Residenzen, wie El Escorial, Aranjuez oder La Granja de San Ildefonso.

... und bei Nacht

Den Wandel zur Hauptstadt und zur königlichen Residenz hat Madrid ebenso gelassen überstanden wie die Industrialisierung seit Mitte des 19. Jh. oder den Zuzug von Landflüchtigen aus ganz Spanien in den 1950er bis 1970er Jahren. Die ganze Vielfalt der spanischen Regionen, vom ›keltischen‹ Galicien im Nordwesten bis zum afrikanischen Vorposten Andalusien im Süden, wuchs in Madrid zusammen. Es wurde zum Schmelztiegel Spaniens. Mit ihrer toleranten, offenen Art nahm die Stadt alle auf, die kamen, und ließ sie leben, wie sie leben wollten, ohne ihnen ihre Identität zu nehmen.

Später als in anderen Metropolen Europas ist in Madrid die ›neue Zeit‹ angebrochen. Verzögert durch die lange Zeit der Franco-Diktatur, die erst 1975 endete, rollte über die Stadt eine weitere Einwanderungswelle hinweg. Zuerst kamen Lateinamerikaner, vielfach auf der Flucht vor den politischen Verhältnissen in ihrem Land. Aufgrund ihrer Kultur und Sprache und der historischen Bindungen lag es für sie nahe, die Hauptstadt des ehemaligen Mutterlandes ihrer Kolonien anzustreben. Dann folgten Marokkaner und andere Afrikaner, für die Spanien das nächst gelegene europäische Land ist, und schließlich Asiaten. Im Altstadtviertel Lavapiés ist die Entwicklung Madrids zu einer kosmopolitischen Metropole deutlich zu spüren.

Die Gesichter der Metropole

Als gewachsene Stadt hat Madrid viele Gesichter. In den alten Vierteln der kleinen Leute, wie Lavapiés oder Chueca und Malasaña, strahlt es noch die Gemütlichkeit des 18. und 19. Jh. aus. Volkstümlich, geradezu dörflich muten die *barrios* mit ihrer alten Bausubstanz an. Alt und nicht für die Ewigkeit gebaut, so dass hier manche Fassade blättert und manches Haus kurz vor dem Zusammenbruch zu stehen scheint. Es wird heftig saniert, teils mit Geldern der EU. Allen Baustellen und aufgerissenen Bürgersteigen zum Trotz – diese Altstadtviertel haben besonders viel Charme, sie sind ein unverfälschtes Stück Madrid. Als architektonische Einsprengsel überraschen immer wieder Adelspaläste. In einigen davon können Besucher heute wohnen.

Den Aufbruch in das 20. Jh. markieren Straßenzüge, Plätze und Viertel, deren prunkvoll verspielte Fassaden das Engagement von Geldadel und Bourgeoisie zeigen. Das Vorzeige-Madrid der Belle Epoque prägt den Rand der Altstadt und wichtige Verbindungsstraßen vom Zentrum zu neueren Vierteln. So die von der Puerta del Sol abzweigende Calle de Alcalá, die Straße der

Willkommen

Vom Círculo de Bellas Artes in der Calle de Alcalá blickt die Göttin der Schönen Künste wohlwollend auf die Stadt

Banken, und den unteren Teil der Gran Vía, deren Name ›Große Straße‹ die Ambitionen der Stadtplaner vom Beginn des 20. Jh. verrät. Oder die verschwenderisch bebaute Plaza de Cibeles und die Plaza de Cánovas del Castillo mit den Hotels Ritz und Palace. Das Madrid des aufstrebenden Bürgertums repräsentiert das Viertel Salamanca, das Ende des 19., Anfang des 20. Jh. entstand: mathematisch durchgeplant, mit gitterförmigem Straßennetz, quadratischen Wohnblocks und eleganten Wohnungen – der ganze Stolz der Madrider Bourgeoisie. Salamanca ist das ›bessere‹ Madrid, das Madrid einer anderen Klasse. Und nicht zufällig die Adresse der Modeschöpfer von Weltruf.

Der Paseo de la Castellana an der Westseite von Salamanca steht schließlich für den Sprung in das 3. Jahrtausend: Richtung Norden dominieren futuristische Architektur und Bürotürme wie die 157 m hohe Torre Picasso.

Am Puls Spaniens

Hauptstadt Spaniens und Zentrale der Politik ist Madrid seit 1561. Die Politik von oben und der Widerstand von unten spielen hier gleichermaßen eine gewichtige Rolle. Selbst heute vergeht kaum ein Tag, an dem nicht gegen politische Entscheidungen demonstriert wird, wie im Frühjahr 2003, als Hunderttausende ihr deutliches ›Nein‹ zum Krieg gegen den Irak formulierten. Protestmärschler aus ganz Spanien verstopfen immer wieder das Zentrum der Stadt, was den Straßenzügen Paseo del Prado, Calle de Alcalá, Calle de Atocha sowie der Puerta del Sol den Beinamen *manifestódromo*, Demo-Bahn, eingebracht hat. Der Bürokratie und den Entscheidungen der Politiker tritt man mit täglichem Chaos, mit Protest, Irritationen und einer gesunden Portion Anarchie entgegen. Um sich am Ende dann doch mit all den Neuerungen und Veränderungen abzufinden. In Madrid

Willkommen

spürt man den Puls Spaniens, die gebündelte Energie des Landes.

Madrid als Reiseziel

Es gibt viele Gründe, nach Madrid zu reisen. Einer davon ist die Kunst. Die drei großen Kunstmuseen Prado, Museo Thyssen-Bornemisza und das Centro de Arte Reina Sofía, deren breites Spektrum einzigartiger Gemälde den Bogen vom Mittelalter bis in die heutige Zeit spannt, sind Besuchermagneten. Von den Hofmalern Velázquez und Goya bis zu den spanischen Genies des 20. Jh. wie Dalí und Picasso reicht der Fundus. Mit Kunst ist Madrid reich gesegnet, sie ist allgegenwärtig, in Kirchen und Klöstern, Schlössern und Cafés. Kunst wird hier zur Inszenierung eines Erlebnisses, sie ist keine elitäre Angelegenheit, sondern ein Teil des Alltags, wie schon zu Zeiten der Genies des Goldenen Zeitalters, die aus dem Reichtum, der dem Land aus den Kolonien zufloss, finanziert werden konnten und deren Werke nicht nur den Adel, sondern auch das Volk ergötzten.

Ihren Ruf als kreative Kulturfabrik und als Kunstmetropole rechtfertigt die Stadt jeden Tag aufs Neue. Das Kulturangebot zeigt hauptstädtisches Temperament. Seit dem Goldenen Zeitalter, das herausragende Schriftsteller und Maler hervorbrachte, ist Madrid ein Zentrum spanischer Kultur. Es ist die Stadt der Intellektuellen des Landes, der Filmemacher, der Gegenwartsliteraten, der besten Flamenco-Künstler und der jungen Kunstszene.

Wer Madrid kennen lernen und erleben möchte, sollte sich unter das Volk mischen, durch die Straßen laufen, um stille romantische Winkel neben Schmuddelecken zu entdecken, sich im Stadtpark in der Sonne aalen, in einem kuriosen alten Tante-Emma-Laden einkaufen, sich in einem hundertjährigen Literatencafé von einem weißbefrackten Kellner einen *café solo* servieren lassen und die ausgezeichnete Gastronomie der Stadt genießen, die Tapas und Weine, die frischen Meeresfrüchte und kastilische Landkost. Die Stadt ist ehrlich und unkompliziert, bodenständig und leicht, ein offenes Buch, in dem jeder lesen kann. Der Lebendigkeit, Direktheit und Offenheit der Madrilenen – und sei es für einen flüchtigen Augenblick – kann man kaum widerstehen. ¡Bienvenidos!

Madrid in Zahlen

Lage: Genau im Zentrum der Iberischen Halbinsel, auf der *Meseta*, der Hochebene von Kastilien, gelegen. Madrid ist mit fast 650 m ü. M. Europas höchstgelegene Hauptstadt.

Staat & Verwaltung: Madrid ist Residenz des spanischen Königs und Sitz der vom konservativen Partido Popular unter Ministerpräsident José María Aznar geführten Regierung. Die Stadt ist zugleich eine der 17 spanischen *Comunidades Autónomas*, eine Art Bundesland mit eigener Regierung und Verwaltung.

Bevölkerung: Ca. 3 Mio. Einwohner. Die *Comunidad Autónoma de Madrid* (Autonome Gemeinschaft) hat ca. 5,5 Mio. (legale) Einwohner.

Geschichte

Karl III., ›Bürgermeister‹ Madrids

9.–12. Jh.	Im Grenzland zwischen christlichen Königreichen im Norden und dem arabischen Einflussgebiet im Süden der Iberischen Halbinsel gründen die Araber eine Grenzfeste. Alfons VI., König von Kastilien und León, erobert die Siedlung Mayrit 1085.
13. Jh.	Madrid erhält den Rang eines Marktfleckens.
1492	Die Katholischen Könige Isabella von Kastilien und Ferdinand von Aragón bilden ein vereinigtes Königreich und verdrängen die Araber von der Halbinsel. Spanien formiert sich als streng katholischer Staat. Die Juden werden des Landes verwiesen, und die 1478 gegründete Inquisition, die Behörde zur ›Reinhaltung‹ des christlichen Glaubens, nimmt ihre Tätigkeit auf. Christoph Kolumbus entdeckt Amerika.
1516	Mit Karl V. besteigt ein Habsburger den Thron. Unter seiner Herrschaft baut Spanien ein immenses Kolonialreich auf.
1561	Unter Philipp II., Sohn Karls V., tritt Madrid, ein Dorf, die Nachfolge Toledos als Hauptstadt an. Nördlich der Stadt entsteht der Klosterpalast El Escorial.
1620	Die Madrider Plaza Mayor wird eingeweiht.
17. Jh.	Siglo de Oro, das Goldene Jahrhundert Madrids: Malerei, Bildhauerei und Literatur erleben eine ihrer kreativsten Perioden, finanziert mit dem Gold und Silber aus den Kolonien. Viele der damals entstandenen Werke gelangen später in den Prado.
1713	Am Ende des Spanischen Erbfolgekriegs besteigen die Bourbonen den Thron.
1759–88	Der aufgeklärte Reformkönig und ›beste Bürgermeister Madrids‹, Karl III., ›schenkt‹ der Stadt die Flaniermeile Paseo del

Geschichte

	Prado, den Botanischen Garten und das Stadthospital, heute Centro de Arte Reina Sofía.
1808	Unter Karl IV. wird Spanien zum Spielball Napoleons. Am 2. Mai 1808 sterben 1500 Madrilenen in blutigen Straßenschlachten gegen die Franzosen.
1814–33	Ferdinand VII.. erstickt alle liberalen Bestrebungen. Er lässt den Prado als Gemäldegalerie eröffnen.
19. Jh.	Drei Thronfolgekriege zwischen Liberalen und Konservativen und das kurze Intermezzo der Ersten Republik 1873/74 erschüttern das Land. Das Industriezeitalter beginnt, Madrid expandiert. 1898 lösen sich die letzten Kolonien vom Mutterland.
1931	In Madrid wird die Zweite Republik ausgerufen.
1936–39	General Franco putscht gegen die republikanische Regierung, die zahlreiche soziale und ökonomische Reformen eingeleitet hat. Der Spanische Bürgerkrieg zerreißt das Land in zwei Lager. Als letzte Bastion der Republikaner fällt 1939 Madrid.
1939–75	Franco-Diktatur: Militär, Kirche und Feudalherren haben das Sagen. In den 1960er Jahren kommt es in Madrid vermehrt zu Streiks und Studentenprotesten. Die Einwohnerzahl der Stadt wächst auf rund 3 Mio.
1975	Franco stirbt. Neues Staatsoberhaupt wird König Juan Carlos I. Er begleitet behutsam den Prozess der Demokratisierung Spaniens, der Transición.
1980er Jahre	Madrid kommt wieder in Bewegung: Die Movida macht Madrid als kreative Kulturfabrik und Stadt eines exzessiven Nachtlebens international bekannt.
1992	Die spanische Metropole ist Kulturhauptstadt Europas. Die Sammlung des Barons Hans Heinrich Thyssen findet in der Stadt ein neues Domizil.
ab 2001	Die drei großen Museen werden erweitert, die Bauarbeiten oberhalb des Prado und neben dem Centro de Arte Reina Sofía sowie am Museo Thyssen-Bornemisza beginnen.
2004	Prinz Felipe, der Königssohn, heiratet in der Kathedrale von Madrid die bürgerliche Journalistin Letizia Ortiz.

Cervecería Santa Bárbara

Gut zu wissen

Adressen
Namen am Klingelschild? Weit gefehlt. Daher gehören zur Adresse einer Person neben Straße und Hausnummer Angaben zu Stockwerk und Lage der Wohnung. 2° ext. drcha. heißt 2. Stock zur Straße *(exterior)* rechts *(derecha)*. *Int. izqda.* wäre entsprechend innen *(interior)* links *(izquierda)*.

Aficionados
sind Menschen, die etwas mit Leidenschaft betreiben. An Leidenschaft mangelt es den Madrilenen nicht, wie die Fans der Fußballclubs Real Madrid und des Konkurrenzvereins Atlético, die *aficionados* des Stierkampfes, die Liebhaber von Flamenco oder die leidenschaftlichen Schach-, Domino- und Kartenspieler im Stadtpark El Retiro beweisen.

Begrüßung
Freunde und gute Bekannte begrüßen sich mit »*hola, ¿qué tal?*« und Küsschen auf beide Wangen. Ansonsten gibt man sich die Hand oder sagt einfach »*hola*« oder förmlicher »*buenos días*«.

¿Entiendes?
Du verstehst? oder »*¿me entiendes?*«, verstehst Du mich? Dies ist das Schlüsselwort, eine Art Geheimcode, der Schwulenszene. *Entiendo* – alles klar.

Euro und Peseta
Den Euro in der Tasche, die Peseta im Kopf. Auch Jahre nach der Einführung des Euro rechnen die Spanier noch in ihrer alten Währung, um Preise zu vergleichen, Preiserhöhungen aufzuspüren und ein Gefühl für Wertigkeit und Kosten von Dienstleistungen und Waren zu entwickeln. Dabei ist das Umrechnen gar nicht so leicht, denn 1 Euro entspricht etwa 166 Peseten. Auf Märkten und in Läden werden die Preise oft noch in beiden Währungen aus-

Internet-Cafés

Café Comercial (E 3): Glorieta de Bilbao 7, Metro: Bilbao, tägl. 8–1/2 Uhr. Madrider Traditionscafé mit weißbefrackten Kellnern. Im 1. Stock gibt es Computer mit Internetzugang.
EasyEverything (E 5): Montera 10, Metro: Sol, tgl. 8–1 Uhr. Mehrere Räume mit Computern mit Internetzugang. Café und Sandwiches.
Zahara (E 5): Gran Vía 31, Metro: Callao, Gran Vía, So–Do 9–0.30, Fr, Sa 9–1.30 Uhr. Kneipe, Café und Restaurant mit Internetsalon im 1. Stock.

Gut zu wissen

gezeichnet. Wundern Sie sich also nicht, wenn man Ihnen gelegentlich einen exorbitant hohen Preis nennt! Übrigens: gerade durch den Umrechnungskurs Peseta–Euro haben viele Spanier das Gefühl, sehr arm geworden zu sein. Euro spricht man *e-uro*, und Cent sind *céntimos*.

Feiertage
1. Jan. – Neujahr (Año Nuevo)
6. Jan. – Dreikönigstag (Día de los Reyes)
Karwoche: Gründonnerstag, Karfreitag
1. Mai – Tag der Arbeit
2. Mai – Stadtfest (s. S. 71)
15. Mai – Fest des Stadtpatrons (s. S. 71)
15. Aug. – Mariä Himmelfahrt
12. Oktober – Fest der Virgen del Pilar und Tag der Entdeckung Amerikas
1. Nov. – Allerheiligen
9. Nov. – Fest der Stadtpatronin
6. Dez. – Tag der Verfassung
8. Dez. – Unbefleckte Empfängnis
25. Dez. – Weihnachten (Navidad).

IVA – Die Mehrwertsteuer
Nicht immer enthalten die offiziellen Preise, insbesondere in gehobenen Restaurants und Hotels die Mehrwertsteuer. Lesen Sie das Kleingedruckte: *IVA no incluido* heißt, es werden noch 7 % (bei Unterkunft und Essen) oder 16 % bei Dienstleistungen aufgeschlagen.

Kleidung und Outfit
Die Regeln der Toleranz gelten in Madrid auch bei Kleiderfragen. Doch wenn Madrilenen ausgehen oder auch nur einen *paseo* machen, also eine Runde auf der Straße drehen, legen sie Wert auf gepflegte Kleidung. Das gilt nicht nur für ältere Herrschaften. Wer mit Shorts und Sandalen in Restaurants auftaucht, gibt sich eindeutig als Tourist zu erkennen. In einigen Diskotheken, den Treffpunkten der *gente guapa*, der Schönen und Reichen, gibt es Türsteher, die nicht jeden hereinlassen.

Kneipen-Preise
In den meisten Bars, Cafés und Kneipen gibt es verschiedene Preise für Getränke und Essen, die man im Stehen am Tresen *(barra)* zu sich nimmt oder im Sitzen am Tisch *(mesa)*. Noch teurer ist es auf Außenterrassen.

Lotterie
Einmal im Leben das Große Los ziehen – wer möchte das nicht. Darauf bauen die vielen Verkäufer von Lotteriescheiー

Madrid Card

Die Touristenkarte **Tarjeta Turística de Madrid** gewährt freie Fahrt in Metro und Bus, freien Eintritt in 40 Museen, die beliebige Nutzung der offenen Doppeldeckerbusse von Madrid Visión, die zu Stadtrundfahrten durch die City kurven, sowie die Teilnahme an einer Führung durch das Madrid der Habsburger am Samstag um 10 Uhr. Geschäfte, Restaurants und andere Einrichtungen, die dem Verbund der Madrid Card angeschlossen sind, gewähren Rabatte. Die Karte kostet für einen Tag 28 €, für zwei Tage 42 € und für drei Tage 55 €. Man kann sie bei der Touristinfo an der Plaza Mayor und in der Calle de Duque de Medinaceli erwerben sowie in den Bussen und Kiosken von Madrid Visión oder per Internet unter www.madridcard.com. Infotelefon: 917 13 04 44, 915 88 29 00.

Gut zu wissen

nen, die in der Stadt unterwegs sind. Im Dezember sitzen die stadtbekannten Lotteriefrauen vor dem Café La Mallorquina auf der Puerta del Sol.

Meckern erlaubt
Alle Hoteles, alle Restaurants und alle Geschäfte müssen für ihre Kunden *Hojas de reclamaciones* oder *Libros de reclamaciones* (Beschwerdeblätter oder Beschwerdebücher) bereithalten. Man kann sie verlangen und sich schriftlich über Fehler, Mängel oder gar schlechtes Benehmen beschweren. Eine Antwort auf die Beschwerde ist obligatorisch.

Messen
Madrid ist eine Messestadt. Das Messegelände IFEMA bzw. Parque Ferial Juan Carlos I. liegt nur 3 km vom Flughafen entfernt (Metro: Campo de las Naciones, Linie 8). Die wichtigsten Messen sind: Internationale Tourismusmesse Fitur Ende Januar; Internationale Kunstmesse Arco in der ersten Februarhälfte; Internationale Modewoche Semana Internacional de la Moda (oder Pasarela Cibeles) in der zweiten Februarhälfte und der ersten Septemberhälfte; die Kunstmesse Feriarte im November.

Nachtleben
Der Abend geht eher gemütlich los, mit einem Gläschen, einer *tapa* oder einem *paseo*, einem Gang durchs Viertel. So richtig auf Touren kommt die Stadt erst gegen Mitternacht. Dann beginnen die meisten Livekonzerte.

Öffentliche Toiletten
Gibt es kaum außer im Stadtpark El Retiro und unter der Plaza de Cibeles. Wer mal ›muss‹, geht einfach in die nächste Bar oder Kneipe. Die Frage »¿Dónde está el servicio?« findet alle Welt normal. Ist sie ja auch.

Puente
Der Vorzug eines katholischen Landes sind religiöse Feiertage rund ums Jahr. Diverse Stadtfeste kommen hinzu. So oft es geht, ›überbrücken‹ (*puente* = Brücke) die Madrilenen die Zeit zwischen Feiertag und Wochenende, mit Freizeit, versteht sich.

Reisekasse & Preisniveau
Das Preisniveau in den Euroländern gleicht sich langsam an. Lebensmittel wie Brot, Obst, Gemüse, Salat und auch Fisch sind noch relativ preiswert. Das Gleiche gilt für Wasser, Kaffee oder Wein. Auch die Nutzung öffentlicher Verkehrsmittel ist vergleichsweise günstig. In Hostales kann man für weniger als 50 € übernachten. Sehr viele Restaurants bieten Tagesmenüs für 8– –10 € an, à la carte muss man je nach Lokal mit 20–30 € und mehr rechnen. Eine Flasche Wein im Restaurant kostet ca. 10 €, der Hauswein ist günstiger. Ein Glas gezapftes Bier oder ein Café schlagen je nach Lage des Lokals mit 1–2 € zu Buche.

Reisezeit und Wetter
Mit Sonnenstunden ist Madrid reichlich gesegnet. Niederschläge fallen selten, am ehesten im Winter. Im Juli/August bewegt sich das Thermometer oft Richtung 40°-Marke, und im Dezember/Januar kann die Quecksilbersäule unter den Nullpunkt fallen. Angenehm warmes, trockenes Wetter kann man im Frühling und Herbst erwarten.

Siesta
Sie prägt den Biorhythmus Madrids. Von ca. 13.30 bis 17 Uhr legt die Stadt eine Pause ein. Büros und Geschäfte schließen, der Verkehr läuft nur noch mit halber Frequenz und Lautstärke. Man gönnt sich ein Mittagsmahl und,

Gut zu wissen

Sicherheit

Madrid ist eine leutselige Stadt. Vor spannungsgeladenen, aggressiven Stimmungen oder gar Gewaltkriminalität, wie sie viele Großstädte prägt, braucht man sich nicht zu fürchten. Wohl aber vor Taschendieben. *Chorizos,* wörtlich: Würstchen, gehen ihrem Handwerk am liebsten im dichten Menschengedränge nach und dort, wo sich viele Touristen treffen. Besonders aufpassen sollte man am Atocha-Bahnhof, rund um die Museen Prado, Thyssen-Bornemisza und Centro de Arte Reina Sofía, auf der Plaza Mayor, in den Einkaufsstraßen rund um die Puerta del Sol sowie auf dem sonntäglichen Flohmarkt El Rastro und generell im Viertel Lavapiés, dazu in Metros und Bussen. Achten Sie also auf Handtaschen, Portemonnaies u.ä. Touristen, die einen Diebstahl anzuzeigen haben, tun dies zunächst telefonisch unter der eigens dafür eingerichteten Nummer 902 10 21 12 (8–22 Uhr, auch auf Deutsch und Englisch). Danach wendet man sich wegen der Schadensmeldung an eine beliebige Polizeidienststelle *(comisaría)*. An der Puerta del Sol (Metrostation) gibt es ein Kommissariat mit ausgedehnter Öffnungszeit.

wer kann, legt sich noch ein Stündchen aufs Ohr. Bevor Madrid dann zum nächsten Turn wieder aufdreht.

Spartipps

Mitglieder der EU können gegen Vorlage des Personalausweises viele staatliche Museen kostenlos besichtigen. Beachten Sie auch die eintrittsfreien Tage der Museen (s. S. 97). Rentner und Studenten erhalten gegen Vorlage entsprechender Ausweise beim Besuch von Monumenten Preisermäßigungen.

Nicht bei den Hostales, wohl aber bei den Hotels kann man bei den Preisen nachverhandeln, insbesondere für Wochenendarrangements oder bei einem mehrtägigen Aufenthalt. Auch lohnt es sich, vorab im Internet nach einem günstigen Angebot zu schauen.

Trinkgeld

Trinkgeld ist eine freiwillige Angelegenheit, ein Ausdruck von Sympathie, Dankbarkeit für guten Service, gutes Essen etc. Über die Höhe von *propina* entscheidet, wer gibt und was er damit ausdrücken möchte. Wichtig: Man hinterlegt das Trinkgeld dezent, nachdem man das Wechselgeld erhalten hat.

Verkehr

Verstopfte Straßen, Stillstand, Gehupe, zugeparkte Bürgersteige, kein Vorwärtskommen – das ist nervtötender Madrider Autofahrer-Alltag. Wer vorwärts kommen will, nimmt die Metro. Oder geht bei Rot über die Ampel. Was alle Welt tut und niemanden stört. Außer die Autofahrer.

Zeitungen & Stadtmagazine

Viele spanische Tageszeitungen – ›El País‹, ›ABC‹, ›El Mundo‹ – werden in Madrid verlegt und erscheinen dort mit einem Lokalteil und Informationen zum aktuellen Kulturprogramm. Eine gute Übersicht über alles, was in der Stadt los ist, bietet das Magazin ›Guía del Ocio‹ (s. S. 70). Deutschsprachige Zeitungen führen die Kioske im Zentrum (Gran Vía, Puerta del Sol, Paseo del Prado).

Sprachführer

Allgemeines
Guten Morgen	buenos días
Guten Tag	buenas tardes
Guten Abend	buenas noches
Auf Wiedersehen	adiós
Hallo, wie geht's?	¿hola, qué tal?
bitte	por favor
danke	gracias
Entschuldigung	disculpe, perdón
Ich heiße …	me llamo …
Wo ist…?	¿dónde está …
Wann?	¿cuándo?

Zeit
Montag	lunes
Dienstag	martes
Mittwoch	miércoles
Donnerstag	jueves
Freitag	viernes
Samstag	sábado
Sonntag	domingo
Feiertag	día festivo
Minute	el minuto
Stunde	la hora
Tag	el día
Woche	la semana
Monat	el mes
Jahr	el año
heute	hoy
gestern	ayer
morgen	mañana
morgens	por la mañana
mittags	a mediodía
nachmittags	por la tarde
abends / nachts	por la noche
vor / nach	antes / después
früh / spät	temprano / tarde

Notfall
Hilfe!	¡socorro!
Polizei	la policía
Arzt	el médico
Unfall	el accidente
Panne	la avería

Unterwegs
Haltestelle	la parada
Bahnhof	la estación
Bus	el autobús
Fahrkarte	el billete
Auto	el coche
Autobahn	la autopista
Tankstelle	la gasolinera
Werkstatt	el taller
Flughafen	el aeropuerto
rechts	a la derecha
links	a la izquierda
geradeaus	todo recto
hier / dort	aquí / allí
Stadtplan	plano de la ciudad
Auskunft	la información
Vorsicht	¡cuidado! / ¡ojo!
Bank	el banco
Telefon	el teléfono
Telefonkarte	tarjeta telefónica
Post	la oficina de correos
Briefmarke	el sello
geöffnet	abierto
geschlossen	cerrado

Einkaufen
kaufen	comprar
Geschäft	la tienda
Markt	el mercado
Geld	el dinero
bar	en efectivo
Kreditkarte	tarjeta de crédito
Geldautomat	el cajero automático
teuer / billig	caro / barato
wieviel?	cuánto?
ein Stück	una pieza de …

Im Hotel
Zimmer	la habitación
Einzelzimmer	habitación individual
Doppelzimmer	habitación doble
mit Einzelbetten	con dos camas
mit Ehebett	de matrimonio
mit / ohne Bad	con / sin baño

Dusche	la ducha	Teller	el plato
Schlüssel	la llave	Flasche	la botella
Handtuch	la toalla	Glas	el vaso
Aufzug	el ascensor	Speisekarte	la carta
Gepäck	el equipaje	Portion	la ración
Ausweis	el pasaporte	Häppchen	la tapa
Quittung	la factura, el recibo	Vorspeisen	entremeses
Empfang	la recepción	Nachspeise	el postre
Preis	el precio	zahlen	pagar
Name	el nombre	Rechnung	la cuenta
Nachname	el apellido	vegetarisch	vegetariano
abreisen	partir	Getränk	la bebida
Parkplatz	el aparcamiento	Wasser	agua
Zelt	tienda de campaña		
Wohnwagen	la caravana		

Zahlen

1	uno	16	dieciseis
2	dos	17	diecisiete
3	tres	18	dieciocho
4	cuatro	19	diecinueve
5	cinco	20	veinte
6	seis	21	veintiuno
7	siete	30	treinta
8	ocho	40	cuarenta
9	nueve	50	cincuenta
10	diez	60	sesenta
11	once	70	setenta
12	doce	80	ochenta
13	trece	90	noventa
14	catorce	100	cien
15	quince	1000	mil

Im Restaurant

Frühstück	el desayuno
Mittagessen	el almuerzo
Abendessen	la cena
Mahlzeit/Essen	la comida
essen	comer
trinken	beber
Tisch	la mesa
reservieren	reservar
Besteck	el cubierto
Messer	el cuchillo
Gabel	el tenedor
Löffel	la cuchara
Teelöffel	la cucharilla

Die wichtigsten Sätze

Wie komme ich nach…? ¿Cómo voy a …?
Wieviel kostet das? ¿Cuánto vale esto?
Wo gibt es…? ¿Dónde hay por aquí…?
Ich brauche… Necesito…?
Wann öffnet / schließt …? ¿A qué hora abre / cierra …?
Haben Sie ein freies Zimmer? ¿Hay una habitación libre?
Sprechen Sie Deutsch / Englisch? ¿Habla alemán / inglés?
Wo kann ich den Wagen parken? ¿Dónde puedo aparcar el coche?
Können Sie mir helfen? ¿Puede usted ayudarme?
Hau ab! ¡Lárgate!

Reise-Infos

Auskunft

Vertretungen der spanischen
Fremdenverkehrsämter im Ausland:

... in Deutschland
60323 Frankfurt a. M.
Myliusstr. 14, 4. Stock,
Tel. 069-72 50 33 oder 72 50 38,
Fax 069-72 53 13
E-Mail: frankfurt@tourspain.es

40237 Düsseldorf
Grafenberger Allee 100,
Tel. 0211-680 39 80 oder 680 39 81,
Fax 0211-680 39 85
E-Mail: dusseldorf@tourspain.es

80051 München
Postfach 15 19 40,
Tel. 089-53 01 58 oder 53 07 46 11,
Fax 089-532 86 80
E-Mail: munchen@tourspain.es

10707 Berlin
Kurfürstendamm 63, 5. Stock,
Tel. 030-882 65 43, Fax 882 66 61
E-Mail: berlin@tourspain.es

Telefonische Prospektanforderung:
Tel. 06123-991 34, Fax 991 51 34.

... in Österreich
1010 Wien, Walfischgasse 8,
Tel. 01/512 95 80,
Fax 01/512 95 81
E-Mail: viena@tourspain.es

... in der Schweiz
8008 Zürich, Seefeldstr. 19,
Tel. 01 252 79 30,
Fax 01 252 62 04
E-Mail: zurich@tourspain.es

Touristeninformation in Madrid
Patronato de Turismo:
Mayor 69 (C 6), Tel. 915 88 29 00,
Fax 915 88 29 30
E-mail: congresos@munimadrid.es
Oficina Municipal de Turismo:
Plaza Mayor 3 (D 6), Tel. 915 88 16 36,
913 66 54 77, Mo–Sa 10–20,
So/feiertags 10–15 Uhr.

Infostellen der Comunidad de Madrid (Büros):
Duque de Medinaceli 2 (F 6):
Mo–Sa 9–19, So/feiertags 9–15 Uhr
Mercado Puerta de Toledo (C 8):
Mo–Sa 9–19, So/feiertags 9–14.30 Uhr
im Flughafen: tägl. 8–20 Uhr
im Bahnhof Estación de Chamartín:
Mo–Sa 8–20, So/feiertags 9–15 Uhr
im Bahnhof Estación de Atocha (G 8):
tägl. 9–21 Uhr.

Telefonische Auskunft & Mails
Tel. 902 10 00 07 (besser) oder
Tel. 010, Mo–Fr 8–21, Sa 9–14 Uhr
E-mail: turismo@comadrid.es.

Anreise

... mit dem Flugzeug
Das Netz an Flugverbindungen zur spanischen Hauptstadt ist dicht, bei Nutzung von Billigtarifen oder günstigen Wochenendarrangements (Flug plus Hotel) ist der Luftweg meist zugleich der preiswerteste Anreiseweg.
Aeropuerto de Barajas:
Madrids Flughafen liegt ca. 16 km nordöstlich des Zentrums.
Information: Tel. 913 05 83 43,
902 35 35 70, www.aena.es.
Internationale Flüge werden am Ter-

minal 1 (T-1) abgewickelt. Eine Ausnahme bilden die Iberia-Verbindungen mit Deutschland, Österreich und den übrigen Ländern des Schengener Abkommens, die ebenso im Terminal 2 (T-2) abgefertigt werden wie Inlandsflüge. Terminal 3 ist für die Luftbrücke Madrid-Barcelona und regionale Kurzstreckenflüge reserviert.

Flughafenbusse: Sie starten direkt gegenüber dem Ausgang des Terminal 1 und fahren von 4.45 morgens bis um 2 Uhr nachts im 15-Min.-Takt zum Busterminal unter der Plaza de Colón (G 4). Der Fahrschein kostet ca. 2,40 €. Im unterirdischen Busterminal der Plaza de Colón warten Taxen. Bis zu den Metro-Stationen Colón und Serrano sind es nur ein paar Schritte.

Metro: Der Metro-Bahnhof befindet sich zwischen Terminal 2 und 3. Vom T-1 sind es ca. 10 Min. Fußweg durch die Flughafenflure. Die Linie 8 fährt bis zur Station Nuevos Ministerios (nördl. F 1). Bei der Rückfahrt kann man hier das Gepäck einchecken. Die Station Nuevos Ministerios liegt an der Strecke der Nahverkehrszüge zwischen den Bahnhöfen Chamartín und Atocha und bietet Anschluss an die Metrolinien 6 und 10.

Taxis: Eine Fahrt ins Zentrum kostet 18–20 € inkl. Flughafenzuschlag (ca. 4 €). Am Flughafen sind auch so genannte *piratas* (›schwarze‹ Taxen) unterwegs. Quittung geben lassen (s. S.24)!

... auf dem Landweg

Die Entfernung nach Madrid aus Mitteleuropa beträgt je nach Startort 1800–2500 km. Entsprechend lang ist die Anfahrt mit Zügen, Bussen oder Pkws. Internationale Züge enden an der Estación de Chamartín, Europabusse steuern die Estación Sur de Autobuses an.

Einreise

Ausweispapiere: Auch EU-Bürger müssen einen gültigen Personalausweis oder Pass dabei haben, Kinder bis zu 16 Jahren sollten im Familienpass eingetragen sein oder einen Kinderausweis besitzen.

Aufenthaltsdauer: Für EU-Bürger unbegrenzt. Schweizer, die länger als drei Monate im Land bleiben wollen, sollten sich wegen einer Aufenthaltserlaubnis mit der spanischen Botschaft in Verbindung setzen.

Ein- und Ausfuhr: EU-Bürger können Waren für den persönlichen Bedarf ohne Begrenzung ein- und ausführen. Für Nicht-EU-Bürger sind die zollfreien Mengen auf 200 Zigaretten und 1 l Spirituosen begrenzt. Die Ein- und Ausfuhr von Waffen (auch Verteidigungssprays u. Ä.) und Rauschgift ist strikt verboten.

Haustiere: Verlangt wird der Nachweis einer Tollwutimpfung (mindestens einen, max. zwölf Monate alt, in Deutsch und Spanisch) und ein Gesundheitszeugnis (max. 14 Tage alt).

Fundbüro

Oficina de Objetos Perdidos: Plaza de Legazpi 7, Tel. 915 88 43 48 Mo–Fr 9–14 Uhr, im Juli/August bis 13.30 Uhr.

Geld

Bargeld beschafft man sich am einfachsten an Bankautomaten *(cajero automático)* mit der Maestro-Karte oder der Kreditkarte und der persönlichen Geheimnummer. Die meisten Hotels, Res-

Reise-Infos

taurants und Geschäfte akzeptieren die gängigen Kreditkarten, verbreitet sind MasterCard und Visa.

Gesundheit

Wer bei einer gesetzlichen Krankenkasse versichert ist, kann einen Anspruchsschein für die Behandlung im Ausland beantragen, um in Madrid kostenlos in Krankenhäusern versorgt zu werden. Private Arztrechnungen sind vor Ort zu bezahlen, die Versicherungen erstatten die Kosten gegen Vorlage der Arztrechnungen. Wer sich gegen jedes Risiko einer eventuellen Zuzahlung versichern will, kann eine Reisekrankenversicherung abschließen (in Reisebüros oder bei Automobilclubs). Adressen deutschsprachiger Ärzte können bei der Botschaft erfragt werden (s. Notfall).

Notfallversorgung

Im Notfall wendet man sich am besten an das rund um die Uhr geöffnete *Centro de Urgencias 24 horas* (s. Notfall); auf Kinderkrankheiten spezialisiert ist das Hospital Niño Jesús, Avenida de Menéndez Pelayo 65 (J 6), Tel. 915 03 59 00, Metro: Ibiza.

Apotheken

Erkennungszeichen von Apotheken *(farmacias)* ist ein grünes Kreuz auf weißem Grund. Der Notdienstplan der *farmacias* wird täglich in den Tageszeitungen bekannt gegeben und ist auch unter Tel. 010 zu erfahren. An jeder Apotheke ist die nächstgelegene Notapotheke durch Aushang ausgewiesen. Die folgenden Apotheken bieten einen 24-Stunden-Service: Calle Mayor 59, Calle Atocha 46, Calle Goya 89.

Behinderte

Auskunft und Hilfe vermittelt:
Coordinadora de Minusválidos Físicos de Madrid: Ríos Rosas 54, Tel. 915 35 06 19, Metro: Ríos Rosas
Die Internetseite des Spanischen Fremdenverkehrsamtes, www.tourspain.es/aleman, bietet eine Hoteldatenbank, in der behintertengerechte Unterkünfte abgefragt und gebucht werden können.

Notfall

Allgemeiner Notruf: Tel. 112
Vergiftungen: Tel. 915 62 04 20
Rotes Kreuz: Tel. 915 22 22 22
Erste Hilfe/Notfallaufnahme: Centro de urgencia 24 horas, Calle Navas de Tolosa 10 (D 5), Tel. 915 21 00 25, Metro: Callao
Polizei: Tel. 091 oder 092
Feuerwehr: Tel. 080.

Diplomatische Vertretungen
Botschaft der Bundesrepublik Deutschland: Fortuny 8, Tel. 915 57 90 00, Metro: Rubén Darío
Österreichische Botschaft: Paseo de la Castellana 91, Tel. 915 56 53 15, Metro: Santiago Bernabeu
Schweizer Botschaft: Núñez de Balboa 35, 7. Stock, Tel. 914 36 39 60, Metro: Velázquez.

Öffnungszeiten

Faustregel: Außer den Bars hat vor 10 Uhr kaum eine Einrichtung geöffnet. Allgemein gilt für die Öffnungszeiten: 10–13.30/14 und 16/17–19.30/20

Uhr; im Winter verkürzt sich die mittägliche Siesta-Zeit, im Sommer wird sie ausgedehnt. Viele Läden schließen erst gegen 21 Uhr.
Geschäfte: Mo–Fr 10–13.30, 17–20 Uhr, Sa 10–13.30 Uhr. Kaufhäuser öffnen Mo–Sa 10–21 Uhr.
Banken: Mo–Fr 9–14, im Winter auch Sa 9–13 Uhr.
Postämter: Die Hauptpost an der Plaza de Cibeles ist den ganzen Tag geöffnet.

Telefonieren

Es gibt in Spanien weder Ortsvorwahlen noch Netzvorwahlen für den Mobilfunk. Alle Telefonnummern bestehen aus neun Ziffern und beginnen jeweils mit einer ›9‹, Handynummern mit ›6‹.
Fernsprechkabinen: Öffentliche Telefone der spanischen Telefónica wie anderer Gesellschaften können sowohl mit Münzen wie mit Telefonkarten und/oder Kreditkarten bedient werden. Für Cityverbindungen muss man mindestens 15 Cent einwerfen, für Spanienverbindungen 25 Cent und für Mobilfunkverbindungen 50 Cent. Telefonkarten erwirbt man in Tabakläden *(estanco)* oder an Zeitungskiosken.
Auskunft: national 11818, international 11825.
Mobil telefonieren: Movistar, Vodafone und Amena sind die spanischen Netzbetreiber. Wer eine spanische *móvil*-Nummer vom eigenen Handy anwählt, kann in Spanien die Landesvorwahl 0034 auslassen. Alle gängigen Handys funktionieren einwandfrei. Bei Anruf deutscher Netzteilnehmer ist i.d.R. ›+49‹ vorzuwählen. Wer viel telefoniert, sollte sich eine spanische Prepaid-Karte besorgen.

Unterwegs in Madrid

Metro

Das schnellste Fortbewegungsmittel in Madrid ist die Metro, die mit ihren 12 Linien die Stadt gut erschließt (s. Metroplan auf der Rückseite der Faltkarte), während Busse, Taxen und PKWs oft im dichten Verkehr stecken bleiben. Zur Rush Hour, den *horas punta,* füllen sich die Waggons der Metro bis auf den letzten Zentimeter. Von 7–10, 13–14.30 sowie 19–21 Uhr muss man eine gewisse Enge in Kauf nehmen. Die Metro verkehrt von 6 Uhr morgens bis ca. 1.30 Uhr nachts.
Fahrscheine: Fahrscheine, die gleichermaßen für Metro und Stadtbusse gelten, erhält man an Schaltern bzw. Automaten an den Metro-Stationen. Einzelfahrscheine *(sencillo)* kosten 1,10 €, 10er-Karten *(Metrobus)* 5,20 €. Die Fahrscheine werden an den Zugangsschranken entwertet.
Metro-Infos: Tel. 902 44 44 03, www.metromadrid.es;
Consorcio Regional de Transportes: Tel. 915 80 19 80, www.ctm-madrid.es: Fahrpläne und Tarifsysteme von Metro und Stadtbussen.

Stadtbusse

Die roten EMT-Busse befahren 175 Linien. Praktisch für Besucher ist u. a. die Linie 27, die auf der Stadtachse Paseo del Prado–Paseo de Recoletos–Paseo de la Castellana verkehrt. Die Busse sind von 6–23 Uhr im Einsatz, danach werden Nachtbusse eingesetzt *(buhos),* die bis 3 Uhr alle 30 Min. und danach bis 5 Uhr im Stundentakt verkehren (Fr/Sa alle 20 Min.). Sie starten alle an der Plaza de Cibeles.

Einzelfahrscheine kann man im Bus

Reise-Infos

lösen, die günstigeren Metrobus-Tickets bekommt man an den Schaltern der EMT auf den Plätzen Sol, Callao und Cibeles bzw. in den Metrostationen.

Busse in die Region Madrid erkennt man an ihrer grünen Farbe. Sie starten von den Bahnhöfen Moncloa (nach El Escorial), Plaza de Castilla (Richtung Norden), Avenida de América (Richtung Alcalá de Henares) und Estación Sur de Autobuses.
EMT-Information: Tel. 914 06 88 10, www.emtmadrid.es.

Taxis
Freie Taxis, erkennbar an der grünen Pilotlampe auf dem Dach und dem Schild ›libre‹ (frei) in der Windschutzscheibe, winkt man durch Handzeichen heran. Leider kommt es gelegentlich zu ›Unregelmäßigkeiten‹ bei der Abrechnung. Achten Sie deshalb darauf, dass der Fahrer den Taxameter zu Beginn der Fahrt einschaltet und der richtige Tarif eingegeben wurde, und lassen Sie sich evtl. eine Rechnung mit Taxinummer, Streckenangabe und Autokennzeichen geben.
Das Tarifsystem: Grundgebühr: 1,45 €
Tarif 1: von 6–22 Uhr
Tarif 2: von 22–6 Uhr und So/feiertags
Zuschläge: für Fahrten vom/zum Flughafen 4 €, von/zu Bahnhöfen und Messegelände 2 €.
Reklamationsstelle:
Oficina Municipal del Taxi,
Vallehermoso 1, 2^0, 28015 Madrid,
Tel. 915 88 96 32, Mo–Sa 9–13 Uhr. Unbedingt die Rechnung vorlegen.
Telefonische Taxi-Bestellung:
Tel. 914 47 51 80, 914 05 12 13,
Tel. 915 47 82 00, 913 71 21 31.
Tel. 915 47 86 00 (auch Wagen für Rollstuhlfahrer).

Nahverkehrszüge
Cercanías (durch ein ›C‹ plus Nummer gekennzeichnet) verkehren alle 10 Min. zwischen den Zugbahnhöfen Atocha (im Süden der Stadt) und Chamartín (im Norden) über die Zwischenstationen Recoletos (nahe der Plaza de Cibeles) und Nuevos Ministerios. Von diesen Bahnhöfen sowie von der Estación del Príncipe Pío und der Estación Méndez Álvaro fahren die Züge in die nähere Umgebung Madrids (von 5/6 Uhr morgens bis ca. 24/1 Uhr nachts).

Züge
Information und Reservierung:
Tel. 902 24 02 02, www.renfe.es. Oder an den Schaltern der Bahnhöfe.
Estación de Chamartín (nördl. G 1): Agustín de Foxá s/n, Metro: Chamartín. Hauptbahnhof im Norden der Stadt, Züge nach Nord- und Ostspanien sowie internationale Verbindungen.
Estación de Atocha (G 8): Züge Richtung Süden sowie Hochgeschwindigkeitszüge (AVE) nach Córdoba-Sevilla und nach Zaragoza-Lleida-Barcelona.

Überlandbusse
Estación Sur de Autobuses (südl. G 8): Calle Méndez Álvaro/Ecke Retama, Metro: Méndez Álvaro, Linie 6 (mit direktem Zugang), oder Nahverkehrszug ab Atocha-Renfe. Madrids wichtigster Busbahnhof. Die meisten Überlandbusse starten hier. Die Busgesellschaften unterhalten im Bahnhof eigene Schalter mit Fahrkartenverkauf. Auskunft: Tel. 914 68 42 00.
Busgesellschaft Auto Res (K 8): Fernández Shaw 1, Metro: Conde de Casal, Tel. 902 02 09 99, www.autores.es; nach Ávila, Salamanca, León, Cáceres.

Busgesellschaft Continental Auto
(nördl. K 1): Busterminal Av. de América, Metro: Av. de América, Tel. 917 45 63 00, www.continental-auto.es, Busse nach San Sebastián, Bilbao, Logroño, Pamplona, Burgos, Soria, Santander.
Busgesellschaft La Sepulvedana
(A 4): Paseo Florida 11, Metro: Príncipe Pío, Tel. 915 30 48 00, Busse nach Segovia, La Granja, Ávila.

Leihwagen

Leihwagen kann man schon vor der Reise buchen (Internet, Reisebüros), u. a. **TUI-Cars** (www.tuicars.de). Vor Ort helfen die Hotels gern bei der Vermittlung. Bezahlt wird per Kreditkarte.
Niederlassungen in Madrid:
Avis: im Flughafen, in den Bahnhöfen Atocha und Chamartín sowie in der Gran Vía 60. Information und Reservierung, Tel. 902 13 55 31, www.avis.de
Europcar: im Flughafen, in den Bahnhöfen Atocha und Chamartín sowie in den Calles San Leonardo 8 und Orense 29. Information und Reservierung, Tel. 902 10 50 30, www.europcar.de
Hertz: im Flughafen, Edificio España, Ecke Calle San Leonardo und in der Estación de Chamartín und im Atocha-Bahnhof (AVE-Terminal), Reservierung unter Tel. 917 49 77 69; www.hertz.de

Stadtführungen

Geführte Rundgänge durch die Altstadt starten samstags um 10 Uhr bei der Oficina de Turismo auf der Plaza Mayor (D 6), und zwar in Englisch und Spanisch. Interessenten sollten sich dort bereits etwa 30 Min. vor dem Start einfinden.
Information: Patronato Municipal del Turismo, Calle Mayor 69,
Tel. 915 88 29 06.

Stadtrundfahrten

Auf der Puerta del Sol und der Plaza de España starten alle 10–20 Min. die offenen Doppeldeckerbusse von **Madrid Visión** zu Stadtrundfahrten. Drei verschiedene Routen werden angeboten: Route 1 erschließt das historische Zentrum (Madrid Histórico), Route 2 das moderne Madrid (Madrid Moderno) und Route 3 die Hauptsehenswürdigkeiten (Madrid Monumental).

Die Tickets erlauben es, beliebig an den markierten Haltestellen aus- und wieder zuzusteigen. Auskunft über den Kurs und die Haltestellen gibt ein Info-Blatt, das man im Bus erhält. Infos zu den Sehenswürdigkeiten werden auch in Deutsch angeboten. Im Sommer verkehren die Busse von 9.30 bis 24 Uhr, im Frühjahr und Herbst von 10 bis 21 Uhr und im Winter von 10 bis 19 Uhr (außer am 1. Jan. und 29. Sept.).
Preise: Tageskarte 9,62 €, Jugendliche von 7–16 Jahren 4,80 €, Kinder bis zu 7 Jahren frei; Zweitageskarte 12,02 €. Sa/So wird ein Aufschlag von 1,20 € erhoben. Fahrkarten erhält man im Bus (s. auch Madrid Card, S. 15).
Information: Madrid Visión,
Tel. 915 65 10 16,
www.madridvision.es.

Organisierte Ausflüge

Ausflüge zu Sehenswürdigkeiten in der Umgebung, z.B. nach El Escorial oder den Bourbonenschlössern, bieten folgende Unternehmen, die auch in den Hotels Prospekte ausgelegt haben:
Trapsatur: San Bernardo 23, Tel. 915 41 63 20, Metro: Santo Domingo
Juliá Tours: Gran Vía 68,
Tel. 915 59 96 05, Metro: Pl. España
Pullmantur: Plaza de Oriente 8,
Tel. 915 41 18 05, Metro: Ópera.

Zu Gast

Sie suchen eine nette kleine Pension in zentraler Lage? Möchten Sie die besten Tapas der Stadt probieren oder eine authentische Taverne kennen lernen? Abgefahrene Nächte in Madrid verbringen und bis zum Morgengrauen durchmachen? Oder im Prado die Kunst von Goya genießen? Dieser Madrid-Führer gibt Ihnen nützliche Tipps und ausgewählte Adressen an die Hand, damit Ihr Aufenthalt zu einem

n Madrid

Erlebnis wird. Der große Stadtpan hilft bei der Orientierung, denn die Gitternetzangaben bei allen Adressen ersparen langes Suchen. Zudem sind die wichtigsten zwölf Highlights auf dieser Karte besonders hervorgehoben. Wer Madrid aus einer ungewöhnlichen Perspektive kennen lernen will, sollte sich von den Touren ab Seite 106 leiten lassen …

Übernachten

Hotel Petit Palace Ducal

Hotels & Hostales

Spanische Hotels sind mit bis zu fünf Sternen klassifiziert. Als Welt- und Messestadt besitzt Madrid eine große Zahl an Viersterne-Häusern und eine ganze Reihe an Luxushotels. Wer diese gehobenen Unterkünfte bevorzugt, fährt häufig mit einem Pauschalarrangement am besten. Die Hostales sind mit bis zu drei Sternen klassifiziert. Wer preiswert übernachten möchte, bucht sich in eine dieser typisch spanischen Pensionen ein. Hostales vermieten i.d.R. nur Zimmer – ohne Frühstück und Restaurantbetrieb. In Madrid allerdings stellt das kein Problem dar, der Weg bis zur nächsten Bar ist kurz. Bei den Hostales handelt es sich meist um umgebaute Etagenwohnungen, die als Familienpensionen betrieben werden. Die Ausstattung ist unterschiedlich – vom recht komfortablen Zimmer mit Bad, TV und Air Condition, das sich mit den Angeboten einfacher Hotels durchaus messen kann, bis zum sparsam eingerichteten Raum mit Bett und Schrank sowie einem Gemeinschaftsbad auf dem Flur.

Häuser mit Atmosphäre

In den vergangenen Jahren wurde eine ganze Reihe alter Adelspaläste und schmucker Bürgerhäuser in Hotels umgebaut. Dazu zählen etwa das Petit Palace Ducal und das Hotel Senator Gran Vía, der Palacio de San Martín oder das Tryp Ambassador, aber auch die Apartments des Hostal Madrid gehören dazu. Wer so schön wohnen möchte, muss allerdings tiefer in die Tasche greifen, d.h. ab 100 € aufwärts für ein Doppelzimmer.

Ein Tipp für Familien und Gruppen

Die meisten Hostales bieten auch Mehrbettzimmer an. Sie sind ideal für Familien und Gruppen und relativ günstig. Die meist familienfreundlich eingestellten Besitzer helfen gern mit der eigenen Küche aus, wenn das Fläschchen gewärmt werden muss. Eine Alternative dazu sind die Apartahotels, die eine eigene Kochgelegenheit bieten.

Reservierungszentralen in Madrid

Viajes Brújula: Niederlassungen in den Bahnhöfen Chamartín und Atocha, Tel. 915 39 1173, 8–22 Uhr, Zimmervermittlung in Pensionen und Hotels.
Viajes Aira: im Flughafen, Terminals 1 und 2, Tel. 913 05 42 24 und 913 058419, 7.30– 23.30 Uhr, Zimmervermittlung in mittel- und hochpreisigen Hotels.

Übernachten

Günstige Hostales

Hostal Medieval (E 4)
Fuencarral 46, 2^0 izqda.
(2. Stock links), 28004 Madrid
Tel. 915 22 25 49, Metro: Gran Vía
DZ/Bad 36 €, DZ/Dusche je nach Größe 30–40 €, 3-Bett-Zi 44 €
Hier kommt man wirklich in Madrid an: Im Eingangsflur hängen Fotos des Königspaars und des Fußballclubs Real Madrid. Eine nette ältere Dame leitet die gepflegte Familienpension mit 9 Zimmern, eines davon mit eigenem Bad, alle anderen mit Dusche und Waschbecken, die Toilette befindet sich im Gemeinschaftsbad. Der Preis ist für Madrider Verhältnisse sehr günstig, von Nachteil ist die recht laute Straße Fuencarral. Doch dafür befindet man sich mitten in der ›Szene‹.

Hostal Gonzalo (E 6)
Cervantes 34, 3. Stock
28014 Madrid
Tel. 914 29 27 14, Fax 914 20 20 07
Metro: Antón Martín
DZ 47 €, EZ 40 €, 3-Bett-Zi 60 €
Die Brüder Javier und Antonio Gonzalo führen das Hostal im Viertel Huertas. Ein alter Fahrstuhl befördert Gäste in den 3. Stock des Hauses. Die Lage ist bestens, alle wichtigen Sehenswürdigkeiten erreicht man zu Fuß. Glücklicherweise zählt die Calle de Cervantes zu den Straßen des Viertels mit einem geringen Lärmpegel. Das Hostal ist sehr sauber. Alle Zimmer verfügen über Bad, TV, Heizung.

Hostal Prim (F 4)
Prim 15, 2° (2. Stock), 28004 Madrid
Tel. 915 21 54 95, Fax 915 23 58 48
E-mail: hostalprim@telefonica.net
Metro: Banco de España
DZ 50 €, EZ ab 30, 3-Bett-Zi 60 €
Die Zimmer sind klein, aber mit Bad, TV und Klimaanlage ausgestattet. Der Straßenlärm hält sich trotz zentraler Lage in Grenzen, die meisten Zimmer liegen ohnehin zum Innenhof.

Hostal Principado (E 5)
Zorrilla 7, 1^0 dcha., 28014 Madrid
Tel. 913 69 40 60, Fax 914 29 81 87
www.hostalprincipadomadrid.iespana.es, Metro: Banco de España
DZ 45 €, EZ 35 €
Hier hat man die hohe Politik des Landes im Blick: Das intime, gepflegte Hostal liegt im 1. Stock eines alten Bürgerhauses (mit Pförtner) an der Rückseite des spanischen Parlaments, in einer ruhigen, zentralen Straße. Kleine Bäder, Parkettfußboden, Mobiliar der 1950er.

Hostal Armesto (E 6)
San Agustín, 6, 1° dcha. (1. Stock)
28014 Madrid, Tel. 914 29 09 40,
Fax 914 29 90 31, Metro: Antón Martín
DZ/Bad ca. 48 €, EZ 45 €
Die nette, kleine Pension in zentraler

Hotelpreise und Sondertarife

Günstig	Doppelzimmer (DZ) bis 50 €
Moderat	DZ 50–100 €
Teuer	DZ 100–150 €
Luxus	DZ ab 150 €

In diesem Buch sind die Preise inklusive Mehrwertsteuer angegeben (IVA).
Tipp: Fragen Sie nach Sonderpreisen! Viele Hotels bieten an Wochenenden, in Festwochen wie Ostern und Weihnachten oder im Ferienmonat August günstige Spezialtarife an.

Übernachten

Lage, im Szeneviertel Huertas, ist ein Tipp für diejenigen, die mitten in der Stadt Ruhe suchen. Alle Zimmer haben ein eigenes kleines Bad und TV. Einen luftigen Garten, wie sie früher typisch für Huertas waren, hat man von zwei Zimmern aus im Blick. Man bekommt von den sympathischen Vermietern die Schlüssel (Haustür probieren!).

Hostal Matute (E 6)
Plaza Matute, 11, 1º (1. Stock)
28012 Madrid
Tel./Fax 914 29 55 85
Metro: Antón Martín
DZ/Bad 48 €, DZ/Dusche 40 €, EZ 30–37 €, Dreibettzimmer 60 €
Korrektes Hostal in einem Bürgerhaus des 19. Jh. mit beeindruckendem Holzportal. Es liegt an einem charmanten Mini-Platz mit Straßencafés seitlich der Calle Huertas. Einzel-, Doppel- und Dreibettzimmer mit Bad, Telefon, TV und Fliesenboden. Die Rezeption ist rund um die Uhr besetzt. Zur Stierkampfzeit (s. S. 64) nächtigen hier viele Mitstreiter der Toreros, die sich selber gern im Gran Hotel Reina Victoria an der nahen Plaza de Santa Ana einquartieren.

Hostal Residencia Fernández (F 7)
Plaza de Sánchez Bustillo 3,
1º y 3º (1. und 3. Stock)
28012 Madrid, Tel. 915 30 81 11
Metro: Atocha
DZ ab 37 €
Das Haus liegt am verkehrsfreien ›Beton‹-Platz genau gegenüber dem Centro de Arte Reina Sofía. Über 15 Zimmer mit Bad verfügt das vor wenigen Jahren komplett erneuerte Hostal. Die Betten haben schmiedeeiserne Kopfenden. Ein Aufzug ist im Gebäude vorhanden.

Moderate Unterkünfte

Hostal Cruz Sol (D 6)
Plaza de Santa Cruz 6, 3º (3. Stock)
28012 Madrid
Tel./Fax 915 32 71 97
www.hostalcruzsol.com, Metro: Sol
DZ ca. 52 €, EZ 40 €, 3-Bett-Zi 65 €
17 nette kleine Einzel-, Doppel- und Dreibettzimmer mit Fliesenboden, Bad, Klimaanlage, Heizung, Safe, Telefon und TV in einem Gebäude des 19. Jh. – unter Leitung von Aurora. Die Zimmer zur Plaza Santa Cruz, mit Blick auf den gleichnamigen Palast (Außenministerium), haben einen kleinen Balkon. Wegen der guten Lage gleich bei der Plaza Mayor oft ausgebucht, besser reservieren. Aufzug im Haus. Café und Getränkeautomat an der Rezeption.

Hostal Madrid (D 6)
Esparteros 6, 2º (2. Stock)
28012 Madrid
Tel. 915 22 00 60, Fax 915 32 35 10
www.hostal-madrid.info, Metro: Sol
DZ 70 €, EZ 50 €, Apartments ca. 90–115 €
Ein Altstadthaus in bester Lage zwischen Plaza Mayor und Puerta del Sol, mit Holztreppe und einem schönen alten Aufzug. 15 Zimmer mit eigenem Bad und Parkettfußboden, dazu 7 Apartments mit Kochgelegenheit und Waschmaschine. Nr. 21 ist eine richtige Wohnung mit Salon und geschmackvollen antiken Möbeln.

Hostal Tijcal (D 6)
Zaragoza 6, 28012 Madrid
Tel. 913 65 59 10, Fax 913 64 52 60
www.hostaltijcal.com, Metro: Sol
DZ 56–60 €, EZ 37–50 €, Klimaanlage extra, 5 % Barzahlungsrabatt, Frühstück 3 €
Tijcal steht für *trabajo, igualdad, justi-*

Übernachten

cia, cultura, amistad, libertad: Arbeit, Gleichheit, Gerechtigkeit, Kultur, Freundschaft und Freiheit. Entsprechend friedfertig ist die Stimmung. Ein freundlicher Argentinier, der Deutsch spricht, leitet das Hostal im 3. und 4. Stock eines Altstadthauses gleich bei der Plaza Mayor. Die kleinen, renovierten Zimmer mit Bad, teils mit Balkonen zur Straße, sind sauber und fröhlich bunt getüncht. Auch Drei- und Vierbettzimmer.

Hostal Besaya (D 4)
San Bernardo 13, 8° (8. Stock),
28015 Madrid
Tel. 915 41 32 06, Fax 915 41 32 07
www.hostalbesaya.com
Metro: Santo Domingo
DZ ab 54 €, EZ 42 €
An der Ecke zum Großstadtboulevard Gran Vía gelegen. Einzel-, Doppel- und Dreibettzimmer mit eigenem Bad, TV, Heizung, Air Condition und Telefon. Freundliche Vermieter.

Hostal Persal (E 6)
Plaza del Angel 12, 28012 Madrid
Tel. 913 69 46 43, Fax 913 69 19 52
www.hostalpersal.com, Metro: Sol
DZ ca. 75 €, EZ 60 € inkl. Frühstück
80 Zimmer, die sich auf drei Stockwerke verteilen und teils zur Straße, teils zu zwei Innenhöfen liegen, von denen einer etwas dunkler ist. Auch Dreibett- und Vierbettzimmer, allesamt mit Bad, Klimaanlage, Heizung und TV. Das renovierte, freundlich-großzügige Hostal in einem Haus von 1871, unweit der lebhaften Plaza de Santa Ana, hat fast schon Hotelqualität. Unten im Haus befindet sich eine Cafetería.

Hotel Mediodía (F 7)
Plaza del Emperador Carlos V. 8
28012 Madrid, Tel. 915 27 30 60,
Fax 915 30 70 08, Metro: Atocha
DZ ca. 65 €, EZ ca. 51 €
Das Mediodía, gegenüber dem Atocha-Bahnhof und neben dem Centro de Arte Reina Sofía, hat das Format und den Stil eines gediegenen bürgerlichen Hotels: ein Traditionshaus mit Schmuckfassade und schmiedeeisernen Balkonen, Eingangshalle mit Teppichen, Stuck und Lüstern. Die 165 Zimmer haben Parkettfußboden und recht großzügige Bäder. Gutes Preis-Leistungsverhältnis. Die Zimmer zum Innenhof oder zum Platz sind ruhiger.

Hotel Plaza Mayor (D 6)
Atocha 2, 28012 Madrid
Tel. 913 60 06 06, 913 60 08 28
Fax 913 60 06 10
www.h-plazamayor.com, Metro: Sol
DZ ca. 75 €, EZ 52 €
Neben dem alten Hofgefängnis, schräg gegenüber einem der Torbögen zur Plaza Mayor gelegen. Die 25 kleinen Zimmer sind mit allem ausgestattet, was man braucht. Am schönsten sind die neueren Räume 105 – 109. Kleines Frühstückscafé. An Wochenenden kann es in der Umgebung etwas laut werden, doch schützen die Doppelfenster vor dem Lärm.

Gehobener Komfort

HH Campomanes (C 5)
Campomanes 4, 28 013 Madrid
Tel. 915 48 85 48, Fax 915 59 12 88
www.hhcampomanes.com
Metro: Ópera, DZ 106–119 €,
EZ 93–106 €, inkl. Frühstück
East meats West: Möbel von Ikea kombiniert mit einem Hauch asiatischen Designs. Klare Linien, Lichteffekte, Grau, Schwarz und Kobaltblau als dominierende Farben. Das junge Designhotel in einem Gebäude vom Anfang des 20. Jh.

Übernachten

Im Hotel Campomanes

liegt unweit vom Königspalast. Im Café bzw. Frühstücksraum gibt es Getränkeautomaten und Internetanschlüsse.

Carlos V. (D 5)
Maestro Victoria 5, 28013 Madrid
Tel. 915 31 41 00, Fax 915 31 37 61
www.hotelcarlosv.com, Metro: Sol
DZ 133 €, EZ 105 €, inkl. Frühstück
Mitten in der Stadt, im Einkaufszentrum bei der Puerta del Sol gelegen und doch ruhig. Ein gutes Hotel der Best Western-Kette mit 67 funktionalen Zimmern in Blau oder Altrosa, makellosen Bädern und gemütlichem Salon.

Hotel Green
Lope de Vega (F 6)
Lope de Vega 49, 28014 Madrid
Tel. 913 60 0011, Fax 914 29 23 91
www.green-hoteles.com
Metro: Antón Martín, Atocha
DZ 145 €, EZ 116 €,
an Wochenenden 118 bzw. 113 €
Nur einen Katzensprung vom Prado entfernt, am Rande des Literatenviertels und trotz der zentralen Lage recht ruhig. Das Hotel erinnert an den großen Madrider Dichter Lope de Vega, der gleich um die Ecke wohnte, und verfügt über eine Bibliothek mit immerhin 500 Büchern. 58 Zimmer und 2 Suiten, zur Straße mit Balkonen. Gute Mittelklasse.

Residencia de El Viso
(nördl. G 1)
Nervión 8, 28002 Madrid
Tel. 915 64 03 70, Fax 915 64 19 65
www.residenciadelviso.com
Metro: República Argentina
DZ ca. 138 €, EZ 83 €, Frühstück 11 €
Ein bisschen abseits gelegen; dafür genießt der Gast zum einen die Vorteile einer gemütlichen Bleibe mit nur 12 Zimmern in einer Residenz der 1930er Jahre und zum anderen die Ruhe in einem noblen Wohnviertel im Norden der Stadt sowie auf der Terrasse des Hauses. Gutes Restaurant. Mit dem Taxi ist man binnen 10 Min. im Zentrum, mit öffentlichen Verkehrsmitteln in ca. 30 Min.

Übernachten

Hotel Senator Gran Vía (E 5)
Gran Vía 21, 28004 Madrid
Tel. 915 31 41 51, Fax 915 24 07 99
www.playasenator.com
Metro: Gran Vía, DZ 155 €, EZ 118 €
Ein neues Grandhotel, das dem Großstadtboulevard Gran Vía gut steht: Stilvolle Zimmer, wenn auch nicht allzu geräumig, einige mit größerer Terrasse. Von den oberen Zimmern und von der Dachterrasse – mit Pool! – bietet sich eine tolle Aussicht auf die Stadt. Eine perfekte Ausstattung, in der Bademantel und Bügelbrett zur freien Nutzung während des Aufenthalts nicht fehlen; Getränke aus der Minibar und Kaffee gibt's gratis.

Petit Palace Ducal (E 5)
Hortaleza 3, 28004 Madrid
Tel.: 915 21 10 43, Fax 915 21 50 64
www.hthotels.com, Metro: Gran Vía
DZ 96–126 €, Frühstück 11 €
Zur Kette High Tech Hotels gehört das 60-Zimmer-Etablissement in einem jüngst kernsanierten Stadthaus vom Ende des 19. Jh., nur wenige Meter von der Gran Vía. Modern designte Zimmer mit cremefarbenen Wänden, viel Holz, schwarzen Möbeln – und Internetzugang. Viele Räume mit Balkon, im 6. Stock befindet sich eine große (Aussichts-)Terrasse. Es gibt auch etliche Vierbettzimmer, speziell für Familien.

Hotels der Oberklasse

Hotel Palacio San Martin (D 5)
Plaza de San Martín 5, 28013 Madrid
Tel. 917 01 50 00, Fax 917 01 50 10
www.intur.com, Metro: Callao
Mo–Do ca. 218 €, Frühstück 16 €,
Fr–So 149 € inkl. Frühstück
Ein Palast mitten in Madrid, in ruhiger, exzellenter Lage neben dem Kloster der Descalzas Reales. Im 18. Jh. war das Haus Sitz der amerikanischen Botschaft, dann gehörte es einer Bank – und verfiel. Im neuen Edelhotel dominieren dunkle spanische Holzmöbel mit leicht historischer Note. 8 Zimmer, im 5. Stock gelegen, haben eine geräumige Terrasse. Vom Restaurant ganz oben im

Hotel Senator an der Gran Vía

Übernachten

Schöne Schwestern – Ritz und Palace

Zumindest anschauen muss man die beiden Hotels, die international für die Luxushotellerie in Madrid stehen: Ritz und Palace (F 6). Die beiden Belle-Epoque-Schmuckstücke liegen am Prachtboulevard Paseo del Prado. Das Ritz, mit schöner Gartenterrasse, zählt zum Club der ›Leading Hotels of the World‹. Es ist Madrids königliches Hotel, denn Könige, Adel, die Granden Europas und der Welt stiegen und steigen hier ab. Das Palace ist sozusagen die bürgerliche Rivalin des Ritz: Unter seiner Jugendstilkuppel in der Eingangsrotunde zechten schon Hemingway und Picasso. Seit es von der amerikanischen Westin-Kette übernommen wurde, hat es allerdings ein Stück des alten Charmes verloren.
Ritz: Plaza de la Lealtad 5, Tel. 917 01 67 67, www.ritz.es;
Palace: Plaza de las Cortes 7, Tel. 913 60 80 00, www.palacemadrid.com.

Haus hat man einen schönen Blick auf die Altstadt. Hübscher überdachter Innenhof mit Sitzgelegenheit.

Orfila (F 3)
Orfila 6, 28010 Madrid
Tel. 917 02 77 70, Fax 917 02 77 72
www.hotelorfila.com, Metro: Colón
DZ 390 €, Suite ab 524 €,
Frühstück 27 €
Fünf-Sterne-Haus: ein kleines Hotel der Luxusklasse im Stil eines gediegenen Bürgerhauses. Nur 27 Zimmer, alle geräumig und alle mit Internetanschluss. Ein besonderes Plus ist der kleine Garten hinter dem Haus, eine Oase mitten in der Stadt mit Restaurantterrasse. Etwas für Genießer sind die mediterranen Küchenkreationen eines Schülers von Zwei-Sterne-Koch Joachim Koerper. Besser kann man in Madrid nicht wohnen.

Tryp Ambassador (C 5)
Cuesta de Santo Domingo 5–7
28013 Madrid
Tel. 915 41 67 00, Fax 915 59 10 40
www.tryp.es, Metro: Ópera
DZ ca. 252 €, EZ 198 €, Frühstück 18 €, an Wochenenden günstige Tarife
Im schönen Adelspalast des Marqués de Granada, mitten im Madrid der Habsburger, fühlt man sich wohl: Ein Haus mit viel Charme, sehr großzügig geschnittenen Zimmern und gutem Service. Die Lage ist ausgezeichnet: Gleich um die Ecke befinden sich Oper und Schloss und die grüne Plaza de Oriente.

Apartment-Hotels

Apartamentos Turísticos Príncipe 11 (E 6)
Príncipe 11, 28012 Madrid
Tel. 914 29 44 70, Fax 914 29 42 49
www.atprincipe11.com
Metro: Sevilla oder Sol
Studios/Apartments für 2 Pers. 78 €, für 4 Pers. 102 €, für 6 Pers. 153 €, Suiten 122 €
Von 30-m^2-Suiten mit amerikanischer Einbauküche und Bad für zwei Personen bis zum Familienapartment für bis zu sechs Personen, in einem renovierten Altstadthaus in zentraler Lage. Die hohen Altbau-Zimmer sind marmorgefliest. Auch für einzelne Nächte zu mieten. Preisnachlass von 10% bei einem Aufenthalt von mehr als einer Woche.

Übernachten

En Busca del Tiempo (E 6)
Barcelona 4, 28012 Madrid,
Tel. 915 23 08 18, Fax 915 23 08 19
www.enbuscadeltiempo.com
Metro: Sol, Sevilla
DZ ca. 70 €, EZ 65 €, Dreierapartment 80 €, inkl. Frühstück
La casa rural del centro de Madrid, so wirbt dieses Haus zu Recht für sich: Es mutet in der Tat wie ein Landhaus an, mit viel Holz, Terrakottafliesen, rauen Putzwänden, in kräftigen Erdtönen gestrichen. 10 Apartments mit kleiner Küchenzeile verteilen sich auf den 3. und 4. Stock des Altstadthauses, teils mit kleinem Balkon zur Gasse. Bad, Minbar, TV, Aufzug. Unten im Haus befindet sich ein Bar-Restaurant.

Suite Prado (E 6)
Manuel Fernández y González 10
28014 Madrid
Tel. 914 20 23 18, Fax 914 20 05 59
www.suiteprado.com, Metro: Sevilla
DZ 164 €, EZ 131 €, Frühstück 5–10 €
Ein intim anmutendes Altstadthaus im Literatenviertel, mitten in der Szene, so dass es nachts lauter werden kann. Die 18 Suiten, in warmen Gelbtönen gehalten, spanisch-mediterran möbliert und mit eingebauter Küchenzeile, sind äußerst ansprechend gestaltet.

Apartamentos Rosales (B 3)
Marqués de Urquijo 23, 28008 Madrid
Tel. 915 42 03 51, Fax 915 59 78 70
www.apartahotel-rosales.com
Metro: Argüelles
Apartments für 1 Pers. 86 €, für 2 Pers. 96, für 4 Pers. 160 €
27 komfortable Studios, alle zum ruhigen Innenhof gelegen, und 13 Apartments mit einem zusätzlichen Salon in einem Haus der 1990er Jahre. Unten im Haus gibt es ein Restaurant und eine Cafetería.

Jugendherbergen

Santa Cruz de Marcenado (C 3)
Santa Cruz de Marcenado 28
Tel. 915 47 45 32, Fax 915 48 11 96
www.reaj.com, Metro: Argüelles/San Bernardo, 25. Dez. bis 2. Januar geschl.
8–12 € inkl. Frühstück. Zimmer für 4–8 Personen, in einer ruhigen Straße.

Richard Schirmann (westl. A 5)
Casa de Campo, Tel. 914 63 56 99,
Fax 914 64 46 85, Metro: Lago
Preise und Betriebspausen wie Santa Cruz de Marcenado, Zimmer für 2 oder 4 Personen. Mitten in der Casa de Campo auf der anderen Flussseite.

Camping

Osuna (nördl. K 1)
Avda. de Logroño s/n, Tel. 917 41 05 10, Fax 913 20 63 65, www.campings.net, Metro: Canillejas, 10 Gehminuten. Auch Zimmervermietung, im Sommer gibt es Musiksessions. Flughafenlärm!

Hotelketten im Internet

Die folgenden Hotelketten unterhalten in Madrid mehrere Mittelklassehotels:
www.tryp.es,
www.rafaelhoteles.es,
www.nh-hoteles.es,
www.green-hoteles.es,
www.solmelia.es
www.hthoteles.com
Das nächste Hotel der Paradores-Kette befindet sich in Chinchón: www.parador.es .

Tapas: Häppchen

Essen & Trinken

Ein Paradies für Gourmets

Kulinarische Tage in Madrid erleben? Kein Problem, besser gesagt: Man kommt nicht umhin. Abgesehen davon, dass die Stadt über eine schier unüberschaubare Anzahl an guten, noch besseren und allerbesten Restaurants verfügt, wird man selbst dann, wenn man das nächstgelegene Lokal ansteuert, kaum wirkliche Enttäuschungen erleben. Dem Essen messen die Madrilenen eine große Bedeutung bei, und da sie viel und gern ausgehen, kritische Gaumen haben und die Konkurrenz groß ist, gibt sich die Gastronomie Mühe. Anders ausgedrückt: Wer billigen Wein anbietet oder das Fritieröl nicht oft genug wechselt, kann seinen Laden bald wieder schließen. Madrid ist eine kulinarische Oase!

Kulinarischer Tagesablauf

Der Tag beginnt mit einem Café, ansonsten bevorzugen die Spanier ein knappes Frühstück *(desayuno)*, mit ein paar *churros,* einem Toast oder einer *madalena* (Küchlein) wird der Magen vorsichtig geweckt. Dafür nimmt man am späten Vormittag, zwischen 11 und 12 Uhr, eine Kleinigkeit zu sich, ein *almuerzo,* auch *aperitivo* genannt. Das Mittagessen *(comida)* zwischen 13.30 und 16 Uhr kann durchaus üppig ausfallen. Das Abendessen *(cena)* ab ca. 21 Uhr ist dann wahlweise ein richtiges Menü, oder man begnügt sich mit *Tapas.*

Öffnungszeiten

Restaurants öffnen etwa von 13–16 und 20/21– 23.30/24 Uhr. Ruhetage sind meist der Sonntag oder Montag, Ferienmonat ist der August.

Preise

Gut essen ist in Madrid nicht billig, das Preisniveau in Restaurants ist europäisch. Aber fast alle Lokale bieten – zumindest mittags – ein *Menú del día* (Tagesmenü) an, zu Preisen, die sogar die Crème de la Crème der Gastronomie erschwinglich werden lassen. In gewöhnlichen Viertelrestaurants sind die *Menús del día* konkurrenzlos günstig.

Bezahlen

Restaurants akzeptieren meist Kreditkarten, zumindest MasterCard und Visa, einfache Lokale, in denen die Rechnungssumme eher klein bleibt, verlangen *pasta* – Bargeld. Einzeln zahlen, das gibt es in Madrid dabei allerdings nicht. Wenn die Rechnung kommt, wird sie von einer Person übernommen – gelegentlich erlebt man Streit, wer bezahlen darf – , oder die am Tisch versammelten Gäste legen zusammen.

Essen & Trinken

Tapas – eine Lebenskultur

Die halbe Stadt verbringt die Nächte in Tavernen, Bars und *cervecerías* (Bierkneipen), die es zuhauf gibt und die alle Kleinigkeiten zu essen anbieten, denn ein Gläschen und ein Häppchen, eben eine Tapa, bilden in Spanien ein unzertrennliches Duo. Ein traditioneller Brauch, aus dem sich mittlerweile ein Kult entwickelt hat. Oliven, die unverzichtbaren *boquerones en vinagre* (marinierte Sardinen), Wurstwaren, Schinken und Käse stehen überall auf dem Programm, dazu aber oft auch eine Art Haute Cuisine der Tapas. Übrigens: die keinen Portionen heißen *tapas*, die etwas größeren *raciones*.

Die Nacht ist die Zeit der Tapas-Touren, Pärchen und Cliquen ziehen von Lokal zu Lokal, denn nur durch den Wechsel erlebt man die ganze Vielfalt des kulinarischen Angebots. Manches Lokal hat sich aufgrund seiner Tapas-Spezialitäten einen besonderen Ruf erarbeitet. Wobei diese kulinarischen Oasen sehr unterschiedlich sein können: vom Restaurant mit informellem Charakter bis zur Stehkneipe.

Wer sich einfach umschauen möchte, tut das am Besten zwischen Puerta del Sol und Plaza Santa Ana – in den Straßen El Pozo, Victoria, Pasaje Mateu, Álvarez Gato oder Cádiz – oder in der Altstadt unweit der Plaza Mayor – in der Cava de San Miguel, der Calle de Cuchilleros, Plaza de Puerta Cerrada, Calle del Nuncio und in der Cava Baja.

Fisch und Meeresfrüchte

Liebhaber von Fisch und Meeresfrüchten, von Schalen- und Krustentieren kommen in Madrid wirklich auf ihre Kosten. Jedes Restaurant führt die Rubrik *pescado* auf der Speisekarte, aus der man bedenkenlos auswählen kann. Die Auswahl an *marisco* ist ebenfalls überwältigend. Zu den Lokalen, die in Madrid einen besonders guten Ruf genießen, s. S. 45.

Frühstück mit *churros* und *porras*

Eine Frühstückskultur wie bei uns gibt es in Madrid nicht. Wer ausgiebig frühstücken möchte, kommt in den großen Hotels auf seine Kosten. Im Tryp Ambassador in der Cuesta de Santo Domingo (C 5) können auch Nicht-Hotelgäste zu einem Festpreis brunchen und das üppige Buffet durchprobieren. Ansonsten bekommt man in Bars belegte Brötchen *(bocadillos)* oder Toast. Wer frühstücken möchte wie die Madrilenen, sollte *churros* probieren. Die besten gibt es in der **Bar Esma** an der Plaza de Lavapiés. Seit Jahrzehnten stehen Esmeralda und Manolo, ein älteres Ehepaar, allmorgendlich in der zur Bar geöffneten Küche und backen *churros*, schlanke Teigkringel, und die etwas größeren Stangen, die *porras* heißen, in Olivenöl aus. Sonntags kommen aus ganz Madrid Leute hierher, um hausgemachte *churros* und *porras* für ein sprichwörtliches Sonntagsfrühstück einzukaufen. Denn Esperanza und Manolo widmen sich einem Gewerbe, das ausstirbt. Die meisten Cafés und Bars beziehen ihre *churros* und *porras* als tiefgefrorene Ware von den einschlägigen Herstellern. Der Geschmacksunterschied ist unverkennbar. Übrigens gibt es in der Calle Cava Baja eine **Fábrica de Churros,** ein altes Gebäude mit schönem Kachelschmuck an der Fassade (Nr. 7, s. auch S. 46).

Kulinarisches Lexikon

Madrider Spezialitäten
Cabrito al horno   Zicklein, meist mit Olivenöl, Knoblauch und Tomate oder anderem Gemüse im Ofen geschmort

Cocido Madrileño   Madrider Eintopf aus Kichererbsen und verschiedenen Fleisch- und Wurstsorten

Cordero asado   Lamm, das stundenlang im Ofen geschmort wird, bis es ganz zart ist

Licor de Madroño   Likör aus den Früchten des Erdbeerbaums, der sogar das Madrider Stadtwappen ziert und in der Umgebung bis heute vorkommt

Paella   Das spanische Reisgericht gibt es in Madrid in allen Variationen, mit Gemüse, mit Meeresfrüchten oder mit Fleisch

Parrillada de verduras   Gegrilltes Gemüse, häufig Porree, Auberginen, Paprika, Pilze, Zucchini, aber auch Artischocken und Endivien

Pescado a la sal   Fisch in Salzkruste. Er wird in einer dicken Meersalzhülle im Ofen gegart und bleibt saftig

Pescado a la plancha   Auf einer heißen Metallplatte gegrillter Fisch, meist Filets

Pescado a la parrilla   Über Feuer gegrillter Fisch

Rabo de Toro   Stücke vom Stier- oder Ochsenschwanz, meist in Tomatensauce oder in Gemüse geschmort

Roscón de Reyes   Ein Gebäck, das zum Dreikönigstag, aber auch im übrigen Jahr beliebt ist. Zum Día de los Reyes werden gern kleine Überraschungen in die Küchlein eingebacken.

Salate & Gemüse
arroz   Reis
aguacate   Avocado
ajo   Knoblauch
alcachofas   Artischocken
alubias   Bohnen
berenjenas   Auberginen
calabacines   Zucchini
cebolla   Zwiebeln
endivias   Endivien
ensalada mixta   gemischter Salat
ensalada verde   grüner Salat
espárragos   Spargel
espinacas   Spinat
garbanzos   Kichererbsen
guisantes   Erbsen
habas   dicke Bohnen
judías (verdes)   (grüne) Bohnen
lentejas   Linsen
pimientos   Paprika
puerro   Porree
setas   Pilze
tomates   Tomaten
zanahorrias   Möhren

Fleisch und Geflügel
asado   Braten, gebraten
bistec   Beefsteak, Steak
buey   Ochse
choto   Zicklein
chuletas   Koteletts
ciervo   Hirsch
cochinillo   Spanferkel
codornices   Wachteln
conejo   Kaninchen
cordero   Lamm
escalope   Schnitzel
faisán   Fasan
filete   Filet
hígado   Leber
jabalí   Wildschwein
lomo   Lende
pato   Ente
perdiz   Rebhuhn

pollo Huhn
riñones Nieren
ternera Kalb, Rind
solomillo Filet, Lende
vaca Rind, Kuh

Fisch und Meeresfrüchte
atún Thunfisch
bacalao Stockfisch
besugo Seebrasse
bogavante Hummer
bonito weißer Thunfisch
cangrejo Krebs
dorada Dorade, Goldbrasse
langostinos Langusten
lenguado Seezunge
merluza Seehecht
mero Zackenbarsch
pez espada Schwertfisch
rape Seeteufel
rodaballo Steinbutt
salmón Lachs
salmonetes Rotbarben
trucha Forelle
urta Zahnbrasse

Tapas
aceitunas Oliven
ahumados geräucherter Fisch
albóndigas Hackbällchen
almejas Venusmuscheln
anchoas Anchovis
bocadillo Brötchen
boquerones Sardellen
en vinagre in Weinessig
calamares Tintenfische
callos Kutteln
canapés belegte Schnittchen
caracoles Schnecken
champiñones Champignons
chipirones Mini-Tintenfische
chorizo Paprikawurst
cocido Eintopf
croquetas Kroketten
embutidos Wurstwaren
gambas Garnelen
jamón serrano Gebirgsschinken
mejillones Miesmuscheln
queso Käse
ostras Austern
patatas bravas scharf gebratene Kartoffeln
paté (Gänseleber-/Fleisch-)Pastete
pincho moruno Fleischspieß
pulpo Krake
sepia Tintenfisch
tortilla Kartoffeltorte

Nachtisch
arroz con leche Milchreis
flan Karamelpudding
fruta Obst
helado Eis
membrillo Quittengelee
sorbete Sorbet
tarta (de queso) (Käse-)Kuchen
tocino de cielo Paradiesspeise

Getränke
agua con gas Mineralwasser mit Kohlensäure
caña Glas gezapftes Bier
cerveza Bier
café solo Espresso
café con leche Milchkaffee
cortado Café mit etwas Milch
chocolate Kakao
fino trockener Sherry
granizado zerstoßenes Eis mit Limonensaft
horchata Erdmandelmilch
té Tee
vino blanco Weißwein
vino rosado Roséwein
vino tinto Rotwein
zumo Saft
zumo de naranja al natural frisch gepresster Orangensaft

Essen & Trinken

Cafés

Café del Círculo de Bellas Artes (E/F 5)
Marqués de Casa Riera 2
tgl. 9–24 Uhr und länger
für Nichtmitglieder 1 € Eintritt
Metro: Banco de España
Ein lichtdurchfluteter Raum mit Parkettfußboden, Kristallüstern und einem liegenden Frauenakt von Moisés Huerta: Das Café im Kulturzentrum Círculo de Bellas Artes hat Stil. In der Mittagszeit ist es oft schwierig, noch einen Platz zu finden, es gibt ein günstiges Mittagsmenü. Im Sommer kann man auf der Terrasse an der Calle Alcalá sitzen.

Café del Espejo (F 4)
Paseo de Recoletos 31
Mo–Fr 10.30–1, Sa ca. 16–2 Uhr
Metro: Banco de España, Colón
Das ›Spiegelcafé‹ mit Jugendstilinterieurs ist eine Madrider Institution. Dazu gehören die Außenterrasse und der Pabellón del Espejo aus Eisen und Glas, auf der Flanierzone des Paseo de Recoletos.

Café Gijón (F 4)
Paseo de Recoletos 21
tgl. 8–1.30/2 Uhr
Metro: Banco de España, Colón
1888 gegründet: eine über hundertjährige Institution der Madrider Kaffeehauskultur. Generationen spanischer Intellektueller haben hier die Stühle blankgesessen. Mit Terrasse auf dem Paseo de Recoletos.

Café del Nuncio (C 6)
Segovia 9/Ecke Nuncio 12
12.30– 2.30, Fr und Sa bis 3.30 Uhr
Metro: Latina
Erinnerungen an Großmutters gute alte Stube werden wach – aber hier verkehrt ein junges Publikum. Besonders in Sommernächten, wenn die breiten Treppenstufen der Altstadtgasse zwischen dem Café und den altehrwürdigen Mauern der Iglesia de San Pedro, einer der ältesten Kirchen Madrids, als Außenterrasse dienen.

Café de Oriente (C 5)
Plaza de Oriente 2
tgl. 8. 30–1.30 Uhr
Metro: Ópera
Traditionscafé mit leckeren Kuchen neben dem Opernhaus: Von den Stühlen der Außenterrasse blickt man über die Plaza de Oriente auf das Schloss. Mit Kellerrestaurant, der Bar Aljibe sowie dem Delikatessenladen Obrador.

Café Comercial (E 3)
Glorieta de Bilbao 7
Mo–Fr 7.30–1, Sa 8–2, So 10–1 Uhr
Metro: Bilbao
Ein Stück altes Madrid: Marmortisch-

Tertulia-Cafés

Caféhäuser haben in Madrid eine lange Tradition. Generationen von Dichtern und Denkern saßen in ihnen die Stühle blank und diskutierten sich die Köpfe heiß, während sie sich von weißbefrackten Kellnern einen Café servieren ließen. *Tertulia* nennt man diese Debattierzirkel, die es heute genauso wie vor hundert Jahren gibt. Übrigens kann man in allen Cafés auch Kleinigkeiten essen, und viele bieten einen günstigen Mittagstisch. So lassen sich die geselligen Gesprächsrunden über Stunden ausdehnen, für das leibliche Wohl ist stets gesorgt.

Essen & Trinken

Café del Círculo de Bellas Artes

chen, kurzbeinige Kunstlederstühle, spiegelverkleidete Wände, Kellner in weißen Kitteln. Einen modernen Akzent setzt das Internet-Café im 1. Stock, oben spielt man auch Schach. In das Comercial zieht es noch immer Leute aus der Kulturszene.

Günstige In-Lokale

Arrocería Gala (E/F 6)
Moratín 22, Tel. 914 29 25 62
Tischbestellung für 13, 15.45, 21 oder 23.30 Uhr, Metro: Antón Martín, ca. 15 €, günstige Tagesmenüs.
Ein begehrtes Lokal mit überdachtem Innenhof; man reserviert hier besser! Es gibt Reisgerichte, die in der spanischen Küche unverzichtbar sind, auch Paella und typisch valencianische *fideuás* (eine Art Nudel-Paella).

Bazaar (E 4)
Libertad 21, Tel. 915 23 39 05,
tgl. 13.15–16, 20.30–23.45 Uhr
Metro: Chueca, Banco de España
à la carte um 15 €
Ein funktionaler Speisesaal mit großen Fenstern zur Straße und Holzfußboden. Serviert wird mediterrane Küche zu günstigen Preisen um 15 €. Salate, Pasta, Crêpes, Schmorgerichte, Fisch.

Dómine Cabra (E/F 6)
C. Huertas 54, Tel. 914 29 43 65
Mo–Sa 14–16, 21–23.30, So 14–16 Uhr, Ende Aug. zwei Wochen geschl.
Metro: Antón Martín,
Menüs für 16,50 und 23 €.
Die Speisekarte in dem hübschen Lokal richtet sich nach dem Marktangebot. Man probiere die *berenjenas al horno con crema de gamba y jamón* (überbackene Auberginen mit Schinken-Gambas-Creme)! Beim Menü kann man zwischen mehreren Gerichten und Weinen wählen.

El Armario (E 4)
San Bartolomé 7, Tel. 915 32 83 77
tgl. 13.30–16, 21–24 Uhr, im Aug.

Essen & Trinken

Mitten in der Altstadt liegt das Restaurant Madroño

geschl., Metro: Chueca
Mittagsmenü 9 €, Abendmenü 19 €.
Im ›Schrank‹ ist es familiär, und es gibt mediterrane Küche, mit Ausnahmen wie den chinesischen Nudelnestern mit gebratenem Strauß. Hier trifft sich die Gayszene des Viertels Chueca gern.

El Madroño (C 6)
Plaza de Puerta Cerrada 7
Tel. 913 64 56 29, Di–So 13.30–16, 20.30–24, im Sommer bis 2, Taverne 10–24 Uhr, Metro: La Latina oder Sol
Menüs 8–14 €
Taverne und Restaurant, samstags nachts und sonntags nach dem Rastro (s. S. 55) rappelvoll. Es gibt Tapas und *raciones* sowie unter der Woche preiswertere, am Wochenende etwas teurere Menüs. Zu den Spezialitäten gehören *huevos rotos,* ›zerrissene‹ Spiegeleier. Den hauseigenen, namengebenden Erdbeerbaumlikör kann man kaufen. Im Sommer auch Außenterrasse.

La Finca de Susana (E 5)
Arlaban 4, Tel. 913 69 35 57
tgl. 13–15.45, 20.30– 23.45 Uhr
Metro: Sevilla, Menüs ab ca. 7 €
In den hellen Salon mit schlanken Eisensäulen drängen mittags so viele Hungrige, dass man schon mal auf einen freien Tisch warten muss. Spezialitäten sind gebratene bzw. gegrillte Gemüse und gratinierter *bacalao.*

La Gloria de Montera (E 5)
Caballero de Gracia 10
Tel. 915 23 44 07
tgl. 13.15–16, 21.30–24 Uhr
Metro: Gran Vía
Tagesmenü ab 7 €
Loftartiger Saal, ganz in Weiß und Schwarz gehalten. Das junge Ambiente und die günstigen Preise ziehen Heerscharen von Gästen an. Einfache, kreative Küche mit mediterraner Note: Pasta, Salate, Fleisch und Fisch.

La Vaca Verónica (F 6)
Moratín 38, Tel. 914 29 78 27
So–Fr 14–16, 21–23.45, Sa 21–24 Uhr
Metro: Antón Martín, ca. 25 €
Kleines, schick durchgestyltes Lokal in bester Altstadtlage mit ambitionierter Kreativküche – und daher auch ein we-

Essen & Trinken

nig teurer. Neben einer Auswahl an Fleisch- und Fischgerichten gibt es hausgemachte Pasta. Reservieren!

Nina (D 3)
Manuela Malasaña 10,
Tel. 915 91 00 46
13–16, 20–23 Uhr, Sa, So von
12.30–17.30 Brunch, Metro: Bilbao
à la carte ca. 25 €,
Mo–Fr günstige Menüs
Ein neues Szenelokal mit klarem Design – Zieglmauern auf Granitsockel, Holzboden, Bistrotstühle – und jungen Leuten im Service. Traditionelle spanische Produkte wie *bacalao* werden hier fantasievoll variiert.

Tienda de Vinos (E 4)
Augusto Figueroa 35, Tel. 915 21 70 12
Mo–Sa 13–16.30 und 20–24,
im Aug. geschl.
Metro: Chueca, ab 10 €
Tienda de Vinos, Weinladen, steht an der weinroten alten Holzfassade des Lokals gleich um die Ecke der Plaza de Chueca. Besser bekannt ist es unter dem Namen *El Comunista* (der Kommunist): Die betagt wirkende Gaststätte von 1890 war einst Treffpunkt von Kommunisten. Hier gibt es typisch madrilenische Hausmannskost, alles frisch gekocht, als Tagesgerichte wie als *raciones.*

Viuda de Vacas (C 6)
Cava Alta 23, Tel. 913 66 58 47
Mo–Mi, Fr, Sa 13.30–16.30, 21–24,
So 13.30–16.30 Uhr, Anf. Sept. geschl.,
Metro: Latina,
à la carte ab ca. 20 €
Ein ausgesprochen gemütliches, kleines Restaurant in der Madrider Altstadt, das im Traditionsstil möbliert und dekoriert ist. Es gibt gehobene Madrider Küche, darunter viele Ofengerichte (z.B. Lamm).

Internationale & lateinamerikanische Küche

Adrisch (C 4)
San Bernardino 1, Tel. 915 42 94 98
tgl. 13.30–16, 20.30–24 Uhr
Metro: Plaza de España/Noviciado
ca. 20 €
Stadtbekanntes Restaurant mit indischer Küche, Curries und Gerichten aus dem Lehmofen *(tandoree).* Bilder des Subkontinents schmücken das Lokal.

Al-Hoceima (E 4)
Farmacia 8, Tel. 915 31 94 11
Di 20.30–24, Mi–So 13.30–16.30, 21–24 Uhr, Ende Juli bis Mitte Aug. geschl., Metro: Tribunal, Chueca
ab 20 €, Degustationsmenü 34,50 €
Authentische marokkanische Küche, Spezialität ist hier Couscous. Das hübsche Lokal war früher ein Teesalon.

Al-Jaima (E 5)
Barbieri 1, Tel. 915 231 142
tgl. 13.30–16, 21–24 Uhr, im Aug. geschl., Metro: Chueca
à la carte um 15 €
La cocina del desierto – die Küche der Wüste isst man an niedrigen Tischen, wie man sie im Orient hat. Typisch arabische Gerichte wie Couscous, Fleisch mit Kürbis aus dem Ofen, Küchlein.

El Inti de Oro (E 6)
Ventura de la Vega 12
Tel. 914 29 67 03
tgl. 13.30–16, 20.30–24 Uhr
Metro: Sol, ab 20 €
Hinein in das Reich der Inka, kitschige Bilder des Andenstaats schmücken die Wände, das Outfit der Kellner ist pure Folklore und die Küche kompromisslos peruanisch. So der *ceviche de pescado,* in Zitronensaft marinierter roher Fisch, oder Kaninchen in Erdnusssauce.

Essen & Trinken

Entre Suspiro y Suspiro (C 5)
Caños del Peral 3, Ecke Pl. Isabel II.
Tel. 915 42 06 44
Mo–Fr 14–16.30, 21.30– 23.30, Sa nur abends, im Aug. 2 Wochen geschl.
Metro: Ópera, à la carte ab ca. 40 €
Eine mexikanische Familie betreibt das freundliche Lokal mit viel Kunst an den Wänden. Mit einem Margarita als Aperitif weckt man den Appetit, danach kann man Fisch in Chilisauce, *pollo al mole,* Huhn mit typisch mexikanischer *mole*-Sauce, oder einfach *tortillas,* Maisfladen, probieren. Wer Chili und Koriander mag, wird das Essen sehr genießen.

La Creazione (E 6)
Ventura de la Vega 9
Tel. 914 29 03 87, Metro: Sevilla
ab 25 €, Menüs ab 15 €, Pizzen ab 10 €
Spezialität des hübschen italienischen Lokals sind Pizza aus dem Holzofen und hausgemachte Pasta. Seinen Platz wählt man je nach Lust, schnell etwas zu essen oder mit Muße die hohe Kunst der italienischen Küche zu genießen.

La Mordida (F 4)
Belén 13, Tel. 913 08 20 89
tgl. 13.30–17, 20.30–1 Uhr
Metro: Alonso Martínez, Chueca
ab 15 €
Mexikanisches Restaurant und Szenetreff, in dem man sich beim Essen an die Kultfiguren Emiliano Zapata, Comandante Marcos, Frida Kahlo oder Diego Riviera erinnern darf. Viele Gerichte aus dem Tontopf. Oft voll.

Tao (H 4)
Jorge Juan 50, Tel. 914 35 81 40
tgl. 13.30–16.30, 21–24 Uhr
Metro: Príncipe de Vergara, ca. 30 €
Exquisites aus Asien, aus China, Japan, Thailand und Indien, z.B. leckere ›lackierte‹ Ente, dazu gute Weine. Ein stilvolles Lokal.

Tía Doly (D/E 7)
Amparo, 54
Tel. 915 27 33 26, www.tiadoly.com
Mi–Sa 13–16, 21–23, Di 21–23,
So 13–16 Uhr, im Aug. geschl.
Metro: Lavapiés, ab 30 €
Intimes und gepflegtes Minirestaurant in Lavapiés, unter Leitung von Tante Doly, einer Argentinierin. Italo-argentinische Küche; die hausgemachte Pasta und die fantasievollen Saucen überzeugen.

Zara (E 5)
Infantas 5, Tel. 915 32 20 74
Mo–Fr 13–16.30, 20–23.30 Uhr,
im Aug. geschl., Metro: Gran Vía
ca. 20 €, Menüs 15 €
Kubanisches Lokal mit einer Handvoll Tische. Als Appetizer gibt es Cocktails. Man isst hier z.B. *ropa vieja* (Fleisch mit Kartoffeln in Zwiebel-Wein-Sauce) oder *frijoles negros* (schwarze Bohnen).

Spanische Regionalküche

Casa Hortensia (E 7)
Olivar 6, Tel. 915 39 00 90
Di–Sa 13.30–16.30, 21–24
So 13.30–16.30 Uhr, Aug. geschl.
Metro: Tirso de Molina/Lavapiés
à la carte 30–40 €
Die Küche des spanischen Nordens: *Fabada* (Bohneneintopf), *cordero asado* (Lammbraten), *besugo al horno* (Seebrasse aus dem Ofen), *merluza a la sidra* (Seehecht in Cidre), Muscheln, Cabrales-Käse und natürlich *sidra* (Cidre). Deftige Portionen, die kaum zu bewältigen sind. Man kann auch *raciones* bestellen.

Essen & Trinken

Casa Mingo (A 4)
Paseo de la Florida, 34
Tel. 915 47 79 18
tgl. 11-24 Uhr
Metro: Príncipe Pío, ab 12 €.
Ein altes, recht legeres Lokal, etwas abgelegen beim Panteón de Goya, und immer voll. In der fabrikähnlichen Halle oder auf der Außenterrasse gibt es zu asturischem Apfelwein *(sidra)* Brathähnchen sowie asturischen Cabrales-Käse oder in *sidra* gegarte Paprikawurst.

Extremadura (E 4/5)
Libertad 13, Tel. 915 31 89 58
Di-Sa 13-16, 21-24, So 13-16 Uhr;
Libertad 31, Tel. 915 23 35 03,
Mo u. Do-So 13-16, 21-24,
Di 13-16 Uhr, Metro: Chueca/Banco de España, à la carte ca. 27 €.
Ein kulinarischer Ausflug in die Region Extremadura: ausgezeichnete Landküche, darunter Wildgerichte. Ein sehr netter Familienbetrieb mit leicht folkloristischem Touch.

La Barraca (E 5)
Reina 29, Tel. 915 32 71 54
tgl. 13-16, 20.30-24 Uhr
Metro: Banco de España, ca. 24 €
Reis und nochmals Reis: Paella, ›schwarzer‹ Reis, Reis mit Gemüse, *arroz a banda* mit getrennt serviertem Fisch und Meeresfrüchten, aber auch *fideuá,* eine Art Nudel-Paella. Die Innendekoration imitiert eine typische Bau-

Marisco! Köstlichkeiten aus dem Meer

Den besten Fischerhafen Spaniens hat Madrid – sagen die Madrilenen. Es ist etwas daran. **Mercamadrid,** der Fischgroßmarkt der Metropole, ist zwar nach Tokyo ›nur‹ der zweitgrößte der Welt, übertrifft jedoch im Warenangebot und der Vielfalt der Fische und Meeresfrüchte *(marisco)* jeden anderen Umschlagplatz. Frische ist hier Trumpf: Binnen Stunden gelangt der Fang von den Atlantikhäfen der kantabrischen Nordküste per LKW nach Madrid, aber auch über den Flughafen kommen exotische Meeresbewohner in die Hauptstadt, und zwar oft lebend. Auf Streifzügen durch die Stadt wird man immer wieder Fischgeschäfte mit einem üppigen Angebot oder Restaurants mit Aquarien voller Meeresgetier entdecken. In punkto *marisco* sind die Madrilenen Experten: ob Venusmuscheln, Teppichmuscheln, Entenmuscheln, Schwertmuscheln oder Elefantenfüße, ob Hummer, Kaisergranaten, Langostinos, Gambas, Austern oder Krebse.
In vielen Viertelbars gibt's zum Bier eine Gamba auf Kosten des Hauses, denn so hält man in Madrid seine Stammkunden. In die **Cervecería Santa Barbara** (s. S. 63) strömen diejenigen, die sich zum frisch gezapften Bier eine *ración* Gambas bestellen möchten. Sie sollen hier besonders gut und frisch sein. So richtig eintauchen in die ganze Vielfalt des in Madrid erhältlichen *marisco* kann man im stadtbekannten **El Cantábrico** (s. S. 49). Die Einwohner des Viertels Lavapiés zieht es ins kleine **El Boquerón** (s. S. 48), mit kleinerem Angebot, aber viel Lokalkolorit.
Eines der vielen auf Fisch und Meeresfrüchte spezialisierten Restaurants ist das **Tres Encinas** (D 5), ein gediegenes Haus im spanischen Traditionsstil mit Kellnern in schwarzen Anzügen und weißem Hemd – und einer Riesenauswahl an frischen Meeresfrüchten und Krustentieren (Calle Preciados 33, Tel. 915 21 22 07, tgl. 13-24 Uhr, Metro: Callao).

Essen & Trinken

ernhütte *(barraca)* der valencianischen Reisregion am Albufera-See. Ein hübsches und wirklich gutes Lokal.

La Carmencita (E 4/5)
Libertad 16, Tel. 915 31 66 12
Mo–Fr 13–16, 21–24, Sa 21–24 Uhr
Metro: Chueca, Banco de España
ab 30 €
Die 1854 eröffnete Taverne ist im spanischen Traditionsstil dekoriert, mit *azulejos*, Spitzengardinchen und altem Mobiliar. Vor allem baskische Fischgerichte stehen auf der Karte; Spezialität des Hauses ist *Merluza a la vasca* (Seehecht auf baskische Art).

Pereira (E 6)
Cervantes 16, Ecke Quevedo
Tel. 914 29 39 34
Di–Sa 13–16, 21–24, So 13–16 Uhr, im Aug. geschl.
Metro: Antón Martín
ab 30 €, Mittagsmenüs ca. 15 €
Galicische Küche: *pulpo* (Krake), *lacón* (gekochter Schinken), *caldo gallego* (galicischer Eintopf) oder Seehecht auf galicische Art *(merluza)*, dazu galicische Weine.

Zerain (E 6)
Quevedo 3, Tel. 914 29 79 09
Mo–Sa 13.30–16, 20.30–24 Uhr, im Aug. geschl., Metro: Antón Martín
à la carte ca. 30 €
Eine exquisite baskische *sidrería* mit rustikalen Souterrainräumen, in denen Apfelwein aus großen Fässern (bask.: *kupelas*) abgezapft wird. Auf der Speisekarte stehen u.a. *chuletón de buey* (Rinderkotelett), *bacalao* (Stockfisch), *merluza* (Seehecht), *pimientos del piquillo* (würzige rote Paprika), *alubias de Tolosa* (Bohnen aus Tolosa). Was auch immer man kostet: Man verlässt dieses Lokal zufrieden.

Highlight
Restaurants in der Cava Baja (C/D 6)

Die Cava Baja, eine leicht gebogene Gasse, die den Verlauf des einstigen Stadtgrabens nachzeichnet, gehört zu den malerischsten Winkeln der Madrider Altstadt. Zwischen den alten Häusern fühlt man sich in eine andere Zeit versetzt und riecht förmlich den dumpfen Atem des 18. und 19. Jh. Damals war die Cava Baja die Straße der *posadas,* der Gasthäuser und Herbergen, die ganz auf die Bedürfnisse der Reisenden jener Zeit eingestellt waren. Sie kamen mit Pferdefuhrwerken in die Stadt und brauchten eine Unterkunft für Ross und Reiter. Bis heute sind an vielen Häusern die doppeltürigen Tore erhalten, durch welche die Droschken in die Innenhöfe der Herbergen einfuhren, wo die Pferde Futter und einen Stellplatz bekamen.

Heute ist die Cava Baja eine Gourmetmeile, zugegebenermaßen eine recht touristische. Ein Restaurant reiht sich an das andere, mit Holz- oder Kachelfassaden im traditionellen Madrider Stil und oft rustikal eingerichtet – mit viel altem Holzmobiliar und typisch spanischem Kachelschmuck an den Wänden. Wer die Wahl, hat die Qual: zwischen der **Posada de la Villa** (Nr. 9), **El Schotis** (Nr. 11), **Julián de Tolosa** (Nr. 18) mit anheimelnden Kellerräumen, in denen riesige tönerne *tinajas* (Fässer) auffallen, **La Chata** (Nr. 24), eine typische Taverne mit kachelgeschmückter Fassade, **Los Huevos de Lucio** (Nr. 32, wo es *huevos rotos* (›zerrissene Eier‹) gibt, **El Viejo Madrid** (Nr. 32), **Casa Lucio** (Nr. 35) mit gepflegter baskischer Küche oder der **Taberna el Tempranillo** (Nr. 38).

Essen & Trinken

Spitzenreiter

El Amparo (G 4)
Puigcerdá 8, Tel. 914 31 64 56
Mo–Fr 13.30–15.30, 21–23.30,
Sa 21–23.30 Uhr, im Aug. geschl.
Metro: Serrano,
drei Gänge ab 40 € aufwärts
Jedes Gericht ist ein gastronomisches Erlebnis! Ambitionierte baskische Küche und herausragende Weine. Seit langem rangiert das Edellokal in einem schmucken Gässchen des Nobelviertels Salamanca unter den ersten der Stadt.

La Broche (F 1)
Miguel Angel 29, Tel. 913 99 34 37
Mo–Fr 14–15.30, 21–23 Uhr, in der Karwoche und im Aug. geschl.
Metro: Gregorio Marañón
ca. 90 €, Degustationsmenü 75 €
Einer der derzeit berühmtesten spanischen Köche, Sergi Arola, steht in diesem Restaurant am Herd, das dem Hotel Miguel Ángel angegliedert ist. In den geräumigen Speisesälen kredenzt er seine kreative Avantgardeküche. Feinschmecker sind begeistert.

Julián de Tolosa (C 6)
Cava Baja 18, Tel. 913 65 82 10
Metro: Latina, Sol
Mo–Sa 13–16, 21.30–24 Uhr,
feiertags geschl., Menü ca. 45 €
Tolosa liegt in Navarra, und aus dieser nordspanischen Region kommen die erstklassigen Produkte des feinen Altstadtrestaurants: Spargel, Salatherzen, Paprika, die als gegrillte Beilage zu den hochwertigen Rinderkoteletts serviert werden. Man speist hier wahlweise unten in alten Kellergewölben.

Pedro Larumbe (G 2)
Serrano 61, Tel. 915 75 11 12, www.larumbe.com, Mo–Fr 13.30–16, 21–24, Sa 21– 24 Uhr, Karwoche und zwei Wochen im Aug. geschl.,
Metro: Rubén Darío, Menü 45 €
Hier, im Einkaufszentrum ABC Serrano (s. S. 57), speist man in Prunksälen oder auf der Terrasse, deren Plätze im Som-

Teatriz: einst Theater, jetzt Restaurant und Bar im Starck-Design

Essen & Trinken

mer begehrt sind. Auf der Karte steht mediterrane Avantgardeküche, z. B. Steinbutt *(rodaballo)* in Kokosmilch und Tintenfischöl. Gute Weinkarte.

Teatriz (G 3)
Hermosilla 15, Tel. 915 77 53 79
tgl. 13.30–16, 21–1 Uhr
Metro: Serrano, 30 €, Menü um 21 €
Szenelokal in einem ehemaligen Theater, das Philippe Starck bis zu den Toiletten durchstylte. Die Fisch- und Fleischgerichte mit italienischer Note, gebratenes Saisongemüse oder Ente in Portwein, werden auf Tellern des spanischen Stardesigners Mariscal serviert. Große Tapas- und Vorspeisenauswahl.

César und die Casa Montes

Die Casa Montes in Lavapiés ist mehr als irgendeine Tapas-Bar, sie ist eine wahrhafte Institution im Viertel. Das liegt vor allem am Wirt, an César. Mal empfängt er seine Gäste mit väterlicher Liebenswürdigkeit, mal neppt er sie mit einem ironischen Seitenhieb. Und so schauen die Nachbarn – jung und alt – immer wieder gern bei ihm vorbei. Sprüche, Sprichwörter und gar literarische Zitate scheinen Césars Spezialität zu sein. Sogar die Qualität seiner Weine im Regal, eine wirklich gute Auswahl, kommentiert er mit handgeschriebenen Zetteln. Hier ist die Welt noch in Ordnung, so wie in den alten Madrider Tavernen, und dafür wurde César zu Recht ausgezeichnet. Und Tapas gibt es hier natürlich auch: iberischen Schinken und Wurst, Käse und Patés. (Calle Lavapiés 40, Metro: Lavapiés).

Tapas

Antonio Sánchez (D 7)
Mesón de Paredes 13
12–16, 20–24 Uhr, So nur mittags
Metro: Tirso de Molina
Tapas in allen Preislagen, Menü für ca. 8 €, Nachtmenü für 15 €
Antonio Sánchez ist Pflichtprogramm: vielleicht die älteste der Madrider Tavernen, seit jeher Treff der Stierkampfszene. Vorn sitzt man auf alten Holzbänken an Marmortischchen, hinten befindet sich ein *comedor,* ein Speisesaal mit folkloristischen Bildern. S. auch Tour 2, S. 111.

Casa Antonio (D 6)
Latoneros 10
tgl. 12.30–15.30, 20–0.30,
So 12–15 Uhr, Metro: Sol
Eine ur-Madrider Institution, nur ein paar Schritte seitlich der Plaza Puerta Cerrada: Seit hundert Jahren gibt es hier typisch madrilenische Tapas und *raciones*: *croquetas* (Kroketten), *callos* (Kutteln), Wurstwaren, Schinken. S. auch Tour 2, S 111.

El Almendro 13 (C 6)
Almendro 13
tgl. 13–16, 19–24 Uhr
Metro: La Latina
Zu andalusischem Weißwein, *fino* (Sherry) oder Bier gibt es hier eine Vielzahl an Tapas, darunter Anchovis, würzigen Käse aus Extremadura oder *huevos rotos*, ›zerrissene‹ Spiegeleier.

El Boquerón (E 8)
Valencia 14
12–16, 19–23 Uhr, Mi und So abend sowie im Aug. geschl.
Metro: Lavapiés
Mini-Taverne in Lavapiés, deren Doppeltüren zur Straße einladend weit ge-

Essen & Trinken

Taberna de Antonio Sánchez: mit viel Stierkampfambiente

öffnet sind, mit einigen wenigen Tischen. Also verzehrt man die Tapas, *gambas a la plancha* (frittierte Gambas), *boquerones en vinagre* (in Weinessig eingelegte Sardellen), *ostras* (Austern) und *cigalas* (Kaisergranate), dazu frisch gezapftes Bier oder Wein, im Stehen. Qualität und Preis stimmen auf jeden Fall.

El Cantábrico (J 2)
Padilla 39
tgl. 12–16, 19–24 Uhr,
im Aug. geschl.
Metro: Núñez de Balboa, Ausgang Plaza Marqués de Salamanca
Der beste *marisco* (Meeresfrüchte), den Madrid zu bieten hat. Eine urtümliche Taverne mit *azulejos*-bekleideten Wänden, in der man am Tresen steht, wenn man nicht einen der wenigen Tische ergattert. Auch das Bier, das weißbefrackte Kellner aus versilberten Hähnen zapfen, schmeckt hier besonders gut.

La Dolores (F 6)
Plaza de Jesús 4
11–1, Fr, Sa bis 2 Uhr
Metro: Atocha, Banco de España
Ein hübsches Lokal im Literatenviertel, ganz im alten Stil, über dessen langen Tresen lecker belegte *canapés* (kleine Brotscheiben) und marinierte Sardellen geschoben werden. Meist steht man hier an der Theke, Sitzplätze sind rar.

La Trucha (E 6)
Manuel Fernández y González 3
Di–Sa 12.30–16, 19.30–24 Uhr
Metro: Sol
Ein stadtbekannter Klassiker in Sachen Tapas, unweit der Plaza de Santa Ana und direkt neben dem Szenelokal Viva Madrid. Hier sitzt man auch sehr angenehm draußen, an den Tischen in der nachts belebten Fußgängerzone, und wird mit andalusischer Küche, geräuchertem Fisch und – wie der Name schon sagt – mit Forellen verwöhnt.

Essen & Trinken

Oliveros (D 7)
San Millán 4
Di–So 12–24/1 Uhr
Metro: La Latina
Laut Werbeslogan der 1857 eröffneten Taverne isst man hier gut und günstig. Das stimmt. Umgeben von alten *azulejos* (spanischen Kacheln) speist man frittierten *bacalao* oder löffelt *tzabaza*, einen schmackhaften Eintopf mit weißen Bohnen, Kichererbsen, Blutwurst und Schweinebauch.

Prada a Tope (E 6)
Príncipe 11
Di–So 13.30–16.30, 20–24 Uhr
im Aug. geschl., Metro: Sevilla
Beste Landwirtschaftsprodukte aus dem Bierzo in der Provinz León werden in der Küche verarbeitet: Es gibt Paprika, Käse, Blutwurst, Tortilla – im Stehen oder am Tisch.

Taberna Los Angeles (D 5)
Costanilla de los Angeles 8
tgl. 12–24 Uhr
Metro: Callao
Wie eine gemütliche Höhle mit Lehmwänden und Stützbalken mutet das Lokal an, das mit allerlei altem landwirtschaftlichem Gerät dekoriert ist. Superflinke Kellner servieren an Tresen und Tischen neben Standard-Tapas galicische Spezialitäten und neben Bier und Wein auch Apfelwein *(sidra)* aus Nordspanien.

Taberna de Cien Vinos (C 6)
Nuncio 17
Di–Sa 13–15.45, 20–23.45,
So 13–15.45 Uhr, Metro: Sol
Fast ein kleines Restaurant, die Haute Cuisine der Tapas. Was aus der Küche kommt, verlockt zum Durchprobieren. Dazu gibt es beste Weine in großer Auswahl.

Taberna El Tempranillo (C 6/7)
Cava Baja 38
Metro: La Latina, Sol
Di–Sa 13–16, 20–24, So 13–15 Uhr,
im Aug. geschl.
Taverne im Stil einer alten Madrider *bodega*. Das Angebot an Weinen ist riesig, dazu gibt es verschiedene, schmackhaft zubereitete Tapas. Hier ist es oft voll, viele junge Leute, besonders nachts und sonntags nach dem Rastro.

La Taurina (E 5)
Carrera de San Jerónimo 5
tgl. 8–1 Uhr
Metro: Sol
Azulejos an den Wänden, ausgestopfte Stierköpfe, Fotos von Stierkämpfern und Kellner, die – na ja – Matadoren zumindest im Outfit nacheifern. Soviel Traditionsbewusstsein plus die leckeren Tapas und *raciones* sind ein Erfolgsrezept.

Typisch Madrid

Botín (D 6)
Cuchilleros 15–17, Tel. 913 66 42 17
tgl. 13–16, 20–24 Uhr, Metro: Sol
ca. 30 €
Das Botín, auch Sobrino de Botín (Neffe des Botín) genannt, ist ein Madrider Klassiker: Seit Mitte des 19. Jh. wird in diesem Ziegelsteinbau unterhalb der Plaza Mayor beste kastilische Küche serviert, z.B. *cochinillo,* Spanferkel.

La Bola (C 5)
Bola 5, Tel. 915 47 69 30
Mo–Sa 13–16, 20.30–23,
So 13.30–16 Uhr, keine Kreditkarten
Metro: Ópera, ca. 27 €
Ein rustikales Altstadtlokal mit dem Charme der guten alten Zeit. So kommt hier seit 125 Jahren mittags *cocido a la*

Essen & Trinken

madrileña in Tontöpfen auf den Tisch. Auch sonst ist La Bola ganz der Madrider Traditionsküche verpflichtet.

Casa Domingo (C 7)
Toledo 70, Tel. 913 65 11 81
Mo–Fr 13.30–16, 21–23, So 13.30–16 Uhr, Metro: La Latina
Cocido madrileño für 15 €
Eine sehr beliebte *casa de comidas*, ein Esslokal mit Madrider Küche, in der Kutteln *(callos)* und ›Madrider Eintopf‹ auf dem Speiseplan nicht fehlen dürfen. Im Speisesaal im ersten Stock herrscht sonntags nach dem Rastro (s. S. 55) Hochbetrieb. Günstig.

Don Cocido (J 2)
Padilla 54, Tel. 913 09 21 47
tgl. 13.30–17, Do–Sa auch 20–24.30 Uhr, Metro: Núñez de Balboa, Ausgang Plaza Marqués de Salamanca, ca. 18 €.
Azulejos, Stühle mit bast-geflochtenen Sitzen, karierte Tischdecken: eine Menge Traditionsdeko gibt dem kleinen Restaurant sein Flair. Außer dem namengebenden *cocido* stehen Fisch und Meeresfrüchte, die man auch als Tapas am Tresen probieren kann, auf der Karte.

Lhardy (E 5/6)
Carrera de San Jerónimo 8
Tel. 915 21 33 85, Mo–Sa 13–15, 21–23, So/feiertags 13–15 Uhr, im Aug. geschl., Metro: Sol und Sevilla
ca. 36 €, Menü 50 €
Ein Juwel unter den alteingesessenen Madrider Traditionsrestaurants und zugleich ein stadtbekannter Delikatessenhändler. Im Lhardy fühlt man sich zwischen den 150 Jahre alten schweren Holzregalen und den Vitrinen mitten ins 19. Jh. zurückversetzt. Wenigstens einen Sherry, ein Glas Wein oder eine Tasse Suppe aus dem versilberten

> ### Cocido Madrileño
> Tradition verpflichtet: Die angesehensten Madrider Restaurants ereifern sich deshalb, auf ihrem Feuer den besten ›Madrider Eintopf‹ zu köcheln. Die Hauptsubstanzen sind Kichererbsen, Blutwurst, Paprikawurst, Speck, ein Schinkenknochen und Hühnerfleisch. Doch kann ein elaborierter *cocido* gut und gerne aus 30 Zutaten bestehen – und wird zu Recht als Delikatesse gehandelt. Den besten gibt's im Lhardy.

Samowar sollte man hier einmal zu sich nehmen. Der Eleganz des Restaurants entspricht übrigens die Qualität des *cocido madrileño* (mittags): Er gilt als einer der besten der Stadt.

Vegetarisch

Artemisa (E 6)
Ventura de la Vega 4, Tel. 914 29 50 92
tgl. 13.30–16, 21–24 Uhr
Metro: Sevilla
ab 18 €, Menüs ca. 10 €
Wirklich gute vegetarische Speisen: gefüllte Auberginen, Brennesselcreme *(crema de ortigas)*, verschiedene Salate, Pizzen, ökologischer Wein. Ein Nichtraucherlokal!

La Isla del Tesoro (D 3)
Manuela Malasaña 3
Tel. 915 93 14 40, Mo–Sa 13–23.30, So u. feiertags 13–15 21–23 Uhr, Metro: Bilbao
ca. 20 €, Tagesmenü ab 9 €
Bei den täglich wechselnden Menüs steht je eine Landesspezialität, wie Moussaka oder Chili, Pate. Produkte aus ökologischem Anbau, sympathische Atmosphäre.

Einkaufen

Antikes und Trödel

Einkaufsparadies Madrid

Madrid ist nicht Mailand und nicht Paris und nicht London – weil man hier viele Dinge des täglichen Bedarfs, ob Lebensmittel, Kleidung oder Schuhe, noch relativ günstig bekommt; weil es jenseits des globalisierten Einheitsangebots noch kuriose alte Läden gibt; weil Nachwuchsdesigner einen individuellen Stil mit dem gewissen spanischen Extra entwickelt haben und auch preislich eine Alternative zu den Haute Couturiers darstellen; weil man in den Markthallen und den vielen Fischläden den Flair des Südens und den Geruch des Meeres wahrnimmt.

Shoppingmeilen und Einkaufszentren

Zum Shoppingbummel verlocken je nach Vorlieben die folgenden Straßen und Viertel: Recht günstig einkaufen, vor allem Schuhe und Kleidung, kann man rund um die Puerta del Sol und in den Geschäften der vom Platz abzweigenden Calles Preciados – wo sich auch eine Filiale der Kaufhauskette Corte Inglés und Zara-Filialen befinden – und Carmen. Auch in die Calle del Arenal und die Calle Mayor kann man einen Blick werfen. Im Szeneviertel Chueca findet man Hippes und Flippiges in der Calle Fuencarral, Designerschuhe in der Calle Augusto Figueroa und Mode von Jungdesignern in der Calle del Almirante (s. S. 57). Die nobelsten Bekleidungsläden der Stadt reihen sich in der Calle Serrano (s. S. 58) und der Calle de Goya im Viertel Salamanca aneinander (G 2–4).

Nicht versäumen!

Der sonntägliche Rastro zählt zu den berühmtesten Flohmärkten der Welt (s. S. 55). Unter der Woche lohnen die Antiquitätenläden in der Rastro-Gegend einen Besuch, sprich die Galerías Piquer. Viele Kunstwerke offerieren die Läden der Calle del Prado im Literatenviertel, die damit ihrem Namen alle Ehre macht. Nostalgiker werden sich in den Altstadtgassen rund um die Plaza Mayor und in den dortigen hundertjährigen Läden besonders wohlfühlen (s. Traditionsgeschäfte S. 60 und Tour 5). Madrider Süßigkeiten wie Veilchenbonbons und Turrón sind ein gutes Mitbringsel.

Öffnungszeiten

Zwischen 14 und 17 Uhr haben fast alle Läden geschlossen, mit Ausnahme der Kaufhäuser und Supermärkte sowie einiger Geschäfte in den stark frequentierten Einkaufsmeilen. Morgens wird um 10 Uhr geöffnet, Ladenschluss ist um 20 Uhr, viele kleinere Geschäfte bleiben bis 21 oder gar 21.30 offen.

Einkaufen

Antiquitäten

Galerías Piquer (D 7)
Ribera de Curtidores 29
tgl. ca. 10.30–14, 17.30–20 Uhr
Metro: La Latina
Die Läden rund um einen Innenhof mit Galerie im 1. Stock sind eine riesige Fundgrube, in der das Stöbern Spaß macht. Sogar chinesische Antiquitäten gibt es. Man spürt die Flohmarktatmosphäre der Rastro-Gegend. Gut sind auch die nahen Nuevas Galerías (Nr. 12) und Antiguedades Galerías Ribera (Nr 15).

Luis Morueco (E 6)
Prado 16
Tel. 914 29 57 57, 914 29 57 65
Mo–Fr 10–13, 17–20, Sa 10–13 Uhr
Metro: Antón Martín
Dieser gediegene Laden im Literatenviertel, in Madrids Straße der Antiquitätenhändler, bietet ausgewählte Stücke, neben Möbeln, Porzellan und Fächern werden zahlreiche historische Gemälde feilgeboten. Beratung durch Experten.

Bücher & CDs

Casa del Libro-Espasa Calpe (D/E 5)
Gran Vía 29, Mo–Sa 10–21, So 11–21 Uhr, Metro: Gran Via und Callao
Madrids ›Haus des Buches‹: mehrere Stockwerke mit grünen Regalen voller Belletristik, Reiseführer, Wissenschaft, auch Deutschsprachiges.

El Flamenco vive (C 5/6)
Conde de Lemos 7
Mo–Fr 10–13.30, 17–20, Sa
10–13.30 Uhr, Metro: Ópera
»Der Flamenco lebt« – in diesem auf Flamenco spezialisierten Laden unweit des Opernhauses ist das eindeutig der Fall. Riesenauswahl an CDs und Büchern zum Thema.

FNAC (D 5)
Plaza del Callao s/n,
Mo–Sa 10–21.30, So 12–21.30 Uhr
Metro: Callao
Ein regelrechtes Kulturkaufhaus mit einer immensen, gut sortierten Auswahl an CDs, aber auch Presse und Bücher.

La Librería (D 6)
Mayor 78, Mo–Fr 10–14, 17–20,
Sa 10–14 Uhr, Metro: Sol
Bücher zu Madrid und Umgebung. Auch Fotos, alte Postkarten und historische Stadtpläne.

Madrid Rock (E 5)
Gran Vía 25, Mo–Sa 10–21 Uhr
Metro: Gran Vía
Ein riesiges Sortiment an CDs, außer dem namengebenden Rock auch aller anderen Musikrichtungen. Auch Vorverkauf von Konzertkarten.

Delikatessen & Lebensmittel

Antigua Pastelería del Pozo (E 6)
Pozo 8, Di–Sa 9.30–14, 17–20,
So/feiertags 9–14 Uhr,
Mitte Juli bis Anf. Sept. geschl.
Metro: Sol
Die 1830 gegründete Traditionskonditorei ist bekannt für ihren Blätterteig und die exquisiten torrijas de bizcocho (Arme Ritter mit Biskuit).

Casa Mira (E 6)
Carrera de San Jerónimo 30,
Mo–Sa 9.30–14, 16.30–21, So 10.30–14.30, 17.30–21 Uhr, Metro: Sol

Einkaufen

Markthallen

Lebensmittelmärkte mit frischem Gemüse, Obst, Fisch und Fleisch findet man in Madrid nicht unter freiem Himmel, sondern in geschlossenen Hallen, die vor Sonne und Hitze schützen. Von außen sind sie oft unscheinbar, wirken fast wie Bunker, da sie kaum Fenster besitzen. Doch im Innern entfaltet sich pralles südländisches Marktleben. Oft beherbergen die Madrider *mercados* auch kleine Barstände, an denen man sich preiswert verköstigen kann. Die folgenden Märkte sind im Faltplan grün gekennzeichnet: Antón Martín beim schönen Cine Doré (E 7), La Cebada in La Latina (C 7), San Miguel, die schönste der Markthallen gleich neben der Plaza Mayor (C 6), San Fernando in Lavapiés (D 7) oder San Antón in Chueca (E 4).

Seit 1855 gibt es in diesem Lädchen die aus der Region Alicante stammende Süßigkeit *turrón,* aus Mandeln, Eiweiß und Zucker, und zwar aus eigener Herstellung. Eine spanische Spezialität.

Ferpal (D 5)
Arenal 7, Mo–Sa 9.45–20.45 Uhr, 10.–30. Aug geschl.,
Metro: Sol
Eine Nummer ziehen und anstellen für spanische Lebensmittel bester Qualität, v. a. iberischer Schinken *(jamón ibérico),* Wurstwaren und Käse aus allen Regionen des Landes. An der Café-Bar gibt es lecker belegte Sandwiches zu Café oder Bier, in der Mittagszeit wird es hier voll.

Frutas Vázquez (G 3)
Ayala 11, Mo–Fr 10–14, 17–20,
Sa 10–14 Uhr, Metro: Serrano
Wirklich beeindruckend ist das riesige Angebot an Obst und Früchten aus aller Welt sowie an Gartengemüsen der Saison. Angeblich versorgt der Laden sogar das spanische Königshaus.

Lavinia (G 3)
José Ortega y Gasset 16
Mo–Sa 10–21 Uhr
Metro: Núñez de Balboa
Riesen-Weinauswahl aus allen spanischen Regionen, darunter den international bekannten Anbaugebieten La Rioja und Ribera del Duero.

La Violeta (E 6)
Plaza de Canalejas 6
Mo–Sa 9.30–14, 16.30–20.30 Uhr
Metro: Sol
Ein nettes Lädchen, dessen Spezialität Veilchenbonbons sind. Die bekommt man in hübschen Geschenkkartons.

Pastelería El Riojano (D 5/6)
Mayor 10, Mo–Fr 10–13.30,
17–20, Sa 10–13.30 Uhr, Metro: Sol
1855 gegründete Konditorei, die einst das Königshaus belieferte. Torten, Küchlein und Plätzchen aus eigener Herstellung. Mit Mini-Café.

Patrimonio Comunal Olivarero (E 3)
Mejía Lequerica 1,
Mo–Sa 10–14, 17–20 Uhr,
Metro: Alonso Martínez
Aceite de oliva virgen, kaltgepresstes Olivenöl aus allen spanischen Regionen und in zig Geschmacksvarianten, gibt es hier, und zwar auch in schönen Geschenkpackungen und ausgefallenen Flaschen. Mit guter Beratung, allerdings nur auf Spanisch.

Floh- & Straßenmärkte

Casetas de Avenida de Felipe II (J 4)
Avenida de Felipe II s/n
Mo–Sa 10/11–20/21 Uhr
Metro: Goya, Ausgang Felipe II
Schmuck, Uhren, Tücher und Schals, Hüte, Kleidung, Gürtel und Taschen. In Madrid nennt man die Händler mit ihrer Handvoll Verkaufsständen auch die ›Hippies de Goya‹. Hier gibt es Gutes zum günstigen Preis.

Mercado de Pintores (C/D 6)
Plaza del Conde de Barajas
So 10–14 Uhr, Metro: Sol
Sonntäglicher Künstlermarkt auf einem kleinen, fast versteckt liegenden Altstadtplatz unterhalb der Plaza Mayor. Im Schatten der Bäume kann man die Bilder in Ruhe betrachten.

Highlight

Rastro (C/D 7)
Ribera de Curtidores
So/feiertags 9–15 Uhr, Metro: Tirso de Molina, Latina, Puerta de Toledo.
Er zählt zu den berühmtesten Flohmärkten der Welt, und er ist der Sonntagstreffpunkt von Hunderttausenden Madrilenen. Die Basaratmosphäre, das Stöbern an all den Ständen – übrigens sind es rund 3000 an der Zahl – mit Nippes und Tand, Klamotten und Haushaltswaren, echten Antiquitäten und billiger Kunst lockt sie an. Zentrum des Sonntagsflohmarkts sind die Ribera de Curtidores und die Plaza de Cascorro. In westlicher Richtung dehnt er sich über die Plaza General Vara del Rey in die Calles Carlos Arniches und Mira el Río Abajo aus. Achtung: Im Getümmel besteht Diebstahlsgefahr!

Der Rastro ist einer der berühmtesten Flohmärkte der Welt

Einkaufen

Geschenke & Kurioses

Álvarez Gomez (E 5, G 4)
Sevilla 2, Metro: Sevilla,
und Serrano 14, Metro: Serrano
Mo–Fr 10–13.30, 17–20,
Sa 10–13.30 Uhr
In der Parfümerie stellt man seit hunderten Jahren hauseigene Duftwässer her. Auch Schirme, Sonnenhüte und Duschhauben.

Casa Julia (F 4)
Almirante 1, Mo–Fr 10–13.30,
17–20, Sa 10–13.30 Uhr
Metro: Chueca, Banco de España
Ringe und Ohrringe, Schals und Tücher, orientalische Stoffe – vieles aus Indien und Afrika.

Jabonarte (E 4)
Hortaleza 33
Mo–Fr 10–13.30, 17–20,
Sa 10–13.30 Uhr
Metro: Gran Vía, Chueca
Wie der Name schon sagt: Seifenkunst gibt es hier. Seifen in zig Duftnoten und Farben, aus Grüntee, mit mediterranen Kräutern oder mit der Duftnote diverser Blumen. Die Stücke werden vom Block so geschnitten, wie man sie haben möchte, und es gibt hübsche Geschenkkartons.

Musgo (G 4)
Serrano 18
Mo–Sa 10–20 Uhr
Metro: Serrano, Retiro
Wenn man noch gar keine richtige Idee hat, was man verschenken könnte: Hier kommt sie einem, inmitten der Riesenauswahl an Accessoires und Kleidung, Schalen, Gläsern, Kochzubehör und Kleinmöbeln, Papieren und Deko-Kunst.

Piedra de Luna (D 7)
Plaza General Vara del Rey 11
Mo–Fr 10–13.30, 17–20,
Sa 10– 13.30, So 9–15 Uhr,
Metro: Puerta de Toledo
Kunsthandwerk aus aller Welt: Kleidung, Stoffe, marokkanische Keramikwaren, schönes Silberhandwerk aus Indien.

Piamonte (F 4)
Piamonte 16
Mo–Fr 10–13.30, 17–20,
Sa 10–13.30 Uhr
Metro: Chueca
Ein ausgesuchtes Angebot an modernem Schmuck, feinen Tüchern, ungewöhnlichen Handtaschen, aus Leder wie aus anderen Materialien, Schuhen und Kleidungsstücken.

Puntera (C/D 3/4)
Cristo 3
Mo–Sa 10–14, 17–20.30 Uhr
Metro: Noviciado
Werkstatt und Laden mit handgefertigten Lederwaren: Taschen, Rucksäcke, Papierkörbe, Geldbörsen, lederbezogene Schreibhefte und Notizblöcke sowie handgefertigte Schuhe und Stiefel.

Museumsshops

Große Fundgruben für kleine Geschenke sind die Shops der Museen Centro de Arte Reina Sofía und Thyssen-Bornemisza oder des Prado. Das Design von T-Shirts, Halstüchern, Schmuck, Geschirr, Gläsern, Bleistiften, Heften oder Notizblöcken greift oft auf Motive von Künstlern zurück. Auf jeden Fall sind diese Objekte etwas Besonderes. Auch Kunstplakate gibt es.

Einkaufen

Szene-Shopping in Chueca

Die **Calle de Fuencarral** (E 4/6, Metro: Gran Vía) ist eine Art Carnaby Street Madrids. Zwischen Gran Vía und Mercado de Fuencarral reiht sich ein Szeneladen an den anderen. Lola Rey (Nr. 26) hat sich auf flippige Schuhe spezialisiert, Glam (Nr. 35) offeriert hippe Klamotten, Diesel und Levi's haben hier Filialen und sogar der spanische Designer Adolfo Domínguez (Nr. 5). Das Herz der Straße ist jedoch der Mercado de Fuencarral (s. u.). Markenschuhe und Handtaschen aus Designerhand, die neuen Modelle und Ausstellungsstücke der Saison, bieten die sog. *muestrarios* der **Calle de Augusto Figueroa** (E 4, Metro: Chueca). Sie sind erheblich preiswerter als im regulären Handel bzw. in den Markenläden.

Die **Calle del Almirante** (F 4, Metro: Chueca), eine schmale Gasse, die im Stadtboulevard Paseo de Recoletos mündet, hat als Modemeile einen exzellenten Ruf, sie ist die Adresse junger spanischer Designer: Rafa Postigo (Nr. 6) aus Segovia macht Frauen und Männern Lust auf Farbe; und Jesús del Pozo (Nr. 9) gilt als Synonym für Eleganz. Frauen lieben außer seiner Mode die Accessoires und die *colonias* (Kölnisches Wasser). Auch in den Nebenstraßen der Calle del Almirante lässt sich so manche Modeentdeckung machen.

Kaufhäuser & Ladengalerien

ABC Serrano (G 2)
Serrano 61,
Mo–Sa 10–21, So 12–20 Uhr
Metro: Rubén Darío
Das hübsche alte Zeitungshaus des ABC vereint zig Läden unter einem Dach: Mode, Lederwaren, Geschenkartikel, Schmuck, Spielzeug, Kinderbekleidung, dazu Bars, Restaurants, Friseure. Gut für Geschenke ist Musgo.

El Corte Inglés
Preciados 3, Metro: Sol (D 5);
Plaza de Callao 2, Metro: Callao (D 5);
Serrano 47, Metro Serrano (G 3);
Goya 76, Metro: Goya (J 4);
Princesa 42, Metro: Argüelles (B 2/3)
Mo–Sa 10–22 Uhr
Die konkurrenzlose spanische Kaufhauskette bietet alles unter einem Dach, Mode, Haushaltswaren, Konsumartikel und eine große Lebensmittelabteilung.

El Jardín de Serrano (G 4)
Goya 6–8 und Claudio Coello 37
Mo–Sa 10–20.30 Uhr, Metro: Serrano
Boutiquen mit Mode, Schmuck und Accessoires, edel und teuer, wie es sich für die Adresse in der gehobenen Shoppinggegend von Salamanca gehört. Meist sitzt am Eingang ein Schuhputzer – vielleicht eine Alternative zu neuem Schuhwerk. Bei einer Pause im Café Mallorca schaut man in einen grünen Innenhof, typisch für Salamanca.

Mercado de Fuencarral (E 4)
Fuencarral 45
Mo–Sa 11–21 Uhr, im Dez. auch So
Metro: Tribunal, Gran Vía
Alternativ angehauchte Läden in einer alten Markthalle an der Nahtstelle der Szeneviertel Chueca und Malasaña. Hier gibt es alles, was man braucht, um ›in‹ zu sein: Clubwear, Accessoires, Piercing, Make up und sogar Marihuanapfeifen. Mit Cybercafé und gelegentlichem Kulturprogramm.

Einkaufen

Mode

Highlight

Calle Serrano (G 1/5)

Milla de oro, Goldene Meile – so nennt man in Madrid die Calle Serrano, die geradlinig das Vorzeigeviertel Salamanca durchschneidet. Namhafte Designer und Modeschöpfer aus aller Welt machen hier ihre Kreationen zu Gold: ob Versace, Prada, Dior, Yves Saint Laurent oder Luis Vuitton. Nicht zu vergessen die Crème de la Crème der spanischen Modeschöpfer: Adolfo Domínguez, Roberto Verino, Pedro del Hierro oder Alfonso Loewe zeigen in ihren Läden, was man in der kommenden Saison trägt – wenn man dazu das nötige Kleingeld hat. Andererseits bekommt man die exklusiven Stücke im Vergleich zu Mailand bzw. im Vergleich mit den international hoch gehandelten Markennamen geradezu günstig. Und wenn es am Ende nur Windowshopping wird – ein Spaziergang durch Madrids nobelste Einkaufsmeile lohnt sich allemal. Auch in den von der Calle Serrano abzweigenden Straßen Ortega y Gasset, Claudio Coello und Goya sowie im Callejón Jorge Juan (G 4) füllt Mode vom Feinsten und Teuersten die Auslagen und Verkaufsräume der Nobelläden. Zurzeit des Schlussverkaufs im Januar und August kann man hier hochwertige Kleidung relativ günstig erstehen.

Adolfo Domínguez (G 4)

Serrano 18, Mo–Sa 10–20.30 Uhr
Metro: Serrano, Retiro
Mode für Männer und Frauen. Bei Domínguez, dem Erfinder des Modekonzepts ›Falten sind schön‹, dominieren klare Linien, Minimalismus, Schlichtheit. Neben einer gehobenen, teuren Kollektion offeriert der Galicier auch ›tragbare‹ Mode für jedermann und eine junge Linie. Weitere Läden in den Straßen Ortega y Gasset 4; Serrano, 96; Gran Vía, 11.

Amaya Arzuaga (G 3/4)

Lagasca 50
Mo–Sa 10.30–20.30
Metro: Serrano
Die junge kreative Designerin hat sich an die Spitze hochgearbeitet. In London triumphierte sie mit ihrer Sexappeal-Mode.

Cortefiel (D 5)

Preciados 13 und Gran Vía 27
Mo–Sa 11–21 Uhr
Metro: Callao, Sol, Gran Vía
Eine gute Adresse in Sachen Mode für Männer und Frauen. Die Läden von Cortefiel vertreiben auch die Kreationen bekannter Designer wie Pedro del Hierro oder Adolfo Domínguez.

Loewe (E 5/G 4)

Gran Vía 8 und Serrano 26 (Frauen) sowie Serrano 34 (Männer)
Mo–Sa 9.30–20.30 Uhr
Metro: Gran Vía und Serrano
Ein Klassiker des spanischen Designs, der international bekannt wurde. Edle Kleidung und edle Accessoires. Loewe arbeitet gern mit feinem Wildleder und Leder, also typisch spanischen Materialien.

Lurdes Bergada (F 4)

Marqués de Monasterio 10,
Mo–Fr 10–13.30, 17–20,
Sa 10–13.30 Uhr,
Metro: Chueca, Banco de España, Colón
Mode, die Spaß macht: jung und leger, sportlich und mit dem gewissen Pfiff. Jedes Stück hat eine individuelle Note.

Einkaufen

Manuel Herrero (D 5)
Preciados 7 und 16
Mo–Sa 10–20 Uhr
Metro: Sol, Callao
Der kleine Laden in der Fußgängerzone zwischen Puerta del Sol und Plaza del Callao hat sich auf Lederwaren spezialisiert, v.a. Jacken und Mäntel aus Leder und Wildleder, aber auch Schuhe. Viele Sonderangebote, das Preis-Leistungsverhältnis überzeugt.

Pedro del Hierro (G 4)
Serrano 24, Mo–Sa 10–20.30 Uhr
Metro: Serrano
Ein *arquitecto de la moda* (›Architekt der Mode‹), wie man in Madrid sagt: Der Modeschöpfer und Maler legt Wert auf Schnitte, Linien und Farben. Cortefiel bietet eine Piedro del Hierro-Kollektion zu bezahlbaren Preisen an.

Purificación García (G 4)
Serrano 28, Mo–Sa 10–20.30 Uhr
Metro: Serrano
In der von Männern dominierten Modewelt eine der Frauen, die man nicht mehr übersehen kann. Die Galicierin entwirft Sportlich-Elegantes für sie und ihn aus Naturmaterialien sowie aus hochwertigen ›Kunststoffen‹ aus Glasfaser oder Neopren.

Roberto Torreta (G 4)
Callejón Jorge Juan 14
Mo–Fr 10.30–14, 17–20.30,
Sa 11–14, 17–20.30 Uhr
Metro: Retiro oder Serrano
Der Argentinier hüllt Frauen in Leder- und feine Wildlederbekleidung. Eine der neueren Modeoffenbarungen in Madrid.

Roberto Verino (G 3)
Serrano 33
Mo–Sa 10–21 Uhr
Metro: Serrano
Der Galicier mit einer Passion fürs Schwarze zählt zu den international renommiertesten spanischen Designern. Mode für sie und ihn. Verino unterhält in Madrid weitere Geschäfte.

Sybilla (G 4)
Callejón Jorge Juan 12
Mo–Fr 10–14, 16.30–20.30,
Sa 11–15, 17–20.30 Uhr
Metro: Retiro oder Serrano
Die Modeschöpfungen der gebürtigen Amerikanerin feierten bereits in Almodóvar-Filmen ihren Triumpfzug. Neben Kleidung für Frauen auch Taschen, Schuhe, Accessoires. Viel ausgefallene Abendmode.

Zara (D 6 und D 5)
Carretas 6, Metro: Sol,
Gran Vía 32 und Preciados 14 u. 18,
Mo–Sa 10–21 Uhr, Metro: Callao.
Eine mittlerweile auch in Deutschland bekannte Modekette. Junge Mode für Männer, Frauen und Kinder zu günstigen Preisen, allerdings auch nicht für die Ewigkeit genäht. Das Erfolgsrezept: alle Teile gibt es in begrenzter Stückzahl. Nicht jeder läuft damit herum.

Schmuck

Concha García (H 4)
Goya 38,
Mo–Fr 10.30–20.30,
Sa 10.30–14.30, 17–20.30 Uhr,
Metro: Velázquez
Schmuck aus der Hand der repräsentativsten spanischen Designer, darunter Ana Font oder Joaquín Berao, der auch für das Königshaus arbeitete. Dazu Ethno-Schmuck aus Afrika und Asien, immer ausgefallen. Große Preisvariationen von günstig bis teuer.

Einkaufen

Fusión (E 6)
Príncipe 13, Mo–Sa 10–13.30, 17–20,
Sa 10-13.30 Uhr, Metro: Sol, Sevilla
Schmuck und Kunst: Ringe, Armreifen, Ohrringe und Halsschmuck verschiedener junger Designer, überwiegend aus hochwertigem Silber, sowie Skulpturen und Gemälde.

Musikinstrumente

Garrido Bailén (C 6)
Bailén 19, Ecke Mayor
Mo–Sa 10–13.30, 17–20,
Sa 10-13.30 Uhr, Metro: Sol, Opera
Eine Qualitätsadresse für Musikinstrumente jeder Art – und für spanische Traditionsinstrumente.

José Ramírez (D 6)
Paz 8, Mo–Sa 10–13.30, 17–20,
Sa 10-13.30 Uhr, Metro: Sol
Spanische Gitarren bester Güte. Sogar der weltbekannte Gitarrist Andrés Segovia bestellte in dieser Werkstatt sein Instrument.

Schuhe

Antigua Casa Crespo (D 3)
Divino Pastor 29, Mo–Sa 10–13.30, 17–20, Sa 10-13.30 Uhr, im Aug. drei Wochen geschl., Metro: Bilbao
Seit 1863 gibt es hier die typisch spanischen *alpargatas*, aus Segeltuch, Hanf, Baumwolle und Jute und in allen Farben.

Camper (D 5 und G 3)
Preciados 23, Gran Vía 54,
Mo–Sa 10–21 Uhr, Metro: Callao
sowie Ayalá 13, Metro: Serrano
Eine mallorquinische Schuhmarke auf internationalem Erfolgskurs: Pfiffig-sportliche Schuhmode mit Anklängen an Golf-, Ballett- oder Baseballschuhe.

Calle Augusto Figueroa (E 4)
Metro: Chueca
Hier gibt es ein rundes Dutzend Schuhläden mit Modellschuhen *(muestrarios)*. Gemessen an der Qualität der Ware, kann man geradezu Schnäppchenkäufe machen. Angeboten werden auch Modelle von namhaften Designern wie Farrutx. Was zum Verkauf steht, liegt garantiert im Trend. Auch Handtaschen. Ein echter Tipp.

Farrutx (G 4)
Serrano 7
Mo–Sa 10–14, 17–20.30 Uhr
Metro: Retiro, Serrano
Ein bisschen mehr als modisches Mittelmaß: Mut zu Farbe, Mut zu Design, Mut zu Füßen, die auffallen. Farrutx-Modelle gibt es gelegentlich auch in der Calle Augusto Figueroa.

Lurueña (G 3)
Serrano 54
Mo–Sa 10–20.30 Uhr
Metro: Serrano
Gehobene spanische Schuhmode, vom rustikalen Straßenschuh bis zu Sandaletten und Absatzschuhen.

Traditionsgeschäfte

Capas Seseña (E 6)
Cruz 23, Mo–Fr 10–14, 16.30–20.30,
Sa 10–14 Uhr, Metro: Sol
Der 1901 gegründete Laden hat Hochkonjunktur bei vielen Persönlichkeiten des öffentlichen Lebens, die sich in feines Tuch kleiden möchten, genauer gesagt in Capes aus bestem Wollstoff. Auch Michael Jackson kleidete sich hier ein.

Einkaufen

Capas Seseña: Ein hundertjähriger Traditionsladen in der Altstadt

Casa Diego (D 5)
Puerta del Sol 12
Mo–Sa 9.30–20 Uhr, Metro: Sol
Seit 1858 werden in diesem Laden Fächer, Spazierstöcke und Schirme hergestellt und verkauft.

Casa Jiménez (D 5)
Preciados 42, Mo–Sa 10–13.30,
17–20, Sa 10-13.30 Uhr,
Metro: Callao, Santo Domingo
Ein Traditionsladen mit betagter Holztheke und Vitrinenschränken, in denen Musterexemplare von Fächern, edlen Schultertüchern, Spitzen und Kämmen ausgestellt sind. Angeblich Spaniens bestsortierter und ältester Spezialladen für diese Utensilien, die einst das Festoutfit der Spanierin prägten.

Guante Varadé (G 3)
Serrano 54, Mo–Sa 10–13.30, 17–20,
Sa 10-13.30 Uhr, Metro: Serrano
Ein Handschuhspezialist in Madrid? Ein Zeichen dafür, dass es auch hier im Winter gehörig kalt wird. Alteingesessenes, exklusives Geschäft.

Viuda de Gesse (D 6)
Esparteros 6, Mo–Sa 10–13.30,
17–20, Sa 10-13.30 Uhr, Metro: Sol
Messer, Scheren, Stilette, Dolche: Verkauf und Werkstatt, mit professioneller Beratung. Hier kann man auch Messer schleifen lassen.

Wohndesign

El Alambique (C 5)
Plaza de la Encarnación 2
Mo–Sa 10–13.30, 17–20,
Sa 10-13.30 Uhr,
Metro: Ópera, Santo Domingo
Alles, was man zum Kochen, für die Küchenausstattung und den schön gedeckten Tisch braucht. Auch Kochkursangebote.

La Oca (C 8)
Ronda de Toledo 1,
Di–Sa 10–14, 17–20, So 10–14 Uhr
Metro: Puerta de Toledo
Im Mercado Puerta de Toledo: Schönes für die Wohnung.

Los Gabrieles

Ausgehen

Madrid bei Nacht

An Wochenenden scheint niemand in Madrid zu schlafen. Man geht auf Tour durch *Bares de copas* (Kneipen), Diskotheken, sog. *Disco-Bares* oder Cafés. In einer Taverne eine Tapa probieren, um sich für den Abend warmzulaufen, in der nächsten Bar einer Latino- oder Afro-Band lauschen, irgendwo eine Flamenco-Session erleben – Langeweile kommt nie auf.

Bares de copas, Disco-Bars & Cafés

Die Institutionen des Madrider Nachtlebens eindeutig zu klassifizieren ist kaum möglich. Die Grenzen zwischen Diskothek, Disco-Bar, Kneipen mit Live-Musik oder Konzert-Cafés sind fließend. Daher machen es sich die Madrilenen einfach: alle Lokale, die bis 3, 4 oder 5 Uhr morgens geöffnet sind, in denen man Musik hört – sei es von der CD, einem DJ oder live – und die Alkohol ausschenken, heißen einfach *Bar de copas*.

Diesen Lokalen strebt man zu, um zu Bier *(cerveza)*, Wein *(vino)*, Cocktails *(cócteles)*, Whisky *(wyski)* oder Café eine angeregte Unterhaltung *(tertulia)* zu erleben, mit Freunden zusammen zu sein, einer Band zu lauschen, einer Aufführung zuzusehen oder zu tanzen. Es gibt für jeden Geschmack etwas.

Musik & Tanz

Live-Konzerte in Musik-Bars und Kneipen und DJ-Nächte mit Tanz gehen oft erst gegen Mitternacht los, denn dann kommt die Stadt erst richtig auf Touren. Meist wird eine Eintrittsgebühr erhoben, oder der Preis der Getränke wird generell erhöht. Besonders beliebt sind in der Stadt die Musik-Bars, in denen Latin- und Afro-Rhythmen angesagt sind.

Zentren des Nachtlebens

Wer Madrider Nachtleben als Konzentrat erfahren möchte, steuere die Viertel Huertas, Malasaña und Chueca an, genauer gesagt die Plätze Plaza de Santa Ana (E 6), Dos de Mayo (D 3) und Chueca (E 4) und deren Umgebung. Hier beginnt man den Abend in Kneipen und zieht dann weiter in die Disco-Bars und Discos, von denen viele erst um 23 oder 24 Uhr aufschließen. Jugendliche zieht es v.a. nach Malasaña, Gays nach Chueca. Die Gran Vía und die von ihr abzweigenden Gassen sind ebenso ein Zentrum des Nachtlebens wie die Stadtachse Paseo de Recoletos–Paseo de la Castellana (F 4 – G 1). Und das Viertel Lavapiés (E 7) darf nicht unerwähnt bleiben, in der warmen Jahreszeit ist besonders die Calle de Argmosa ein Treffpunkt, auch junger Leute.

Ausgehen

Highlight
Die Tavernen des Literatenviertels (E/F 6)

Huertas, das Madrider Dichterviertel, ist eine erste Adresse im Nachtleben der Stadt. Das liegt an der besonders großen Zahl der gastronomischen Betriebe und Kneipen und nicht zuletzt an den vielen museal anmutenden Tavernen, in denen schon Generationen von Madrilenen und eben auch die berühmten Schriftsteller, die Intellektuellen, Politiker und Künstler die Stunden nach dem Sonnenuntergang verbrachten. Geselliges Beisammensein und Debattieren und dazu an einem guten spanischen Wein oder Sherry nippen – das ist hier seit Jahrhunderten ein guter alter Brauch. Ein Stück traditioneller Madrider Barkultur kann man hier live erleben. Die schönsten Tavernen des Literatenviertels sind ohne Zweifel die Casa Alberto, La Venencia und Los Gabrieles. S. unten und Tour 2, S. 110.

Cervecerías & Tabernas

Ángel Sierra (E 4)
Gravina 11
tägl. 10.30–16, 19.30–24 Uhr
Metro: Chueca
Direkt an der Plaza de Chueca, dem Zentrum des gleichnamigen Viertels. Schon die schmucke holzverkleidete Fassade ist sehenswert, und auch die Innenausstattung mit einer alten Theke, Wandkacheln *(azulejos)*, Deckenfresko und romantischen Bildern versetzt in eine andere Zeit zurück. Wermut und Wein vom Fass oder gezapfte Biere. An Wochenenden drängeln sich hier die Leute bis auf die Straße.

Casa Alberto (E 6)
Huertas 18
Di–Sa 12–16.30,
19–0.30, So 12–16.30 Uhr
Metro: Antón Martín
Wunderschöne klassisch-elegante Taverne von 1827 mit Holzverkleidung, Stuckdecken und einer Theke wie aus Urgroßvaters Zeiten. Man schenkt Wein vom Fass aus und bietet dazu typisch spanische Tapas an, in einer so großen und reichhaltigen Auswahl, dass man hier auch richtig essen kann.

Cervecería Alemana (E 6)
Plaza Santa Ana 6
Mo u. Mi–So 10.30–0.30,
Fr–So bis 2 Uhr, Metro: Sol
Ein Deutscher gründete diese Madrider Traditionskneipe zu Beginn des Jahrhunderts – daher der Name. Hier gibt es zum Bier vom Fass leckere Tapas. Sehr begehrt sind die Plätze der Außenterrasse mit Blick auf die Plaza de Santa Ana.

Cervecería Los Gatos (F 6)
Jesús 2, tgl. 12–1.30 Uhr
Metro: Atocha, Banco de España
Das Flair der Stierkampfszene, des *ambiente taurino*, schlägt einem hier entgegen. Das Bier wird ordentlich gezapft und mundet entsprechend gut. Dazu bekommt man eine gute Auswahl an Tapas, etwa Gambas, die in Madrid zum Bier sehr gern gegessen werden.

Cervecería Santa Bárbara (F 3)
Plaza de Santa Bárbara 8
tgl. 11.30–23.30 Uhr
Metro: Alonso Martínez
Eine 1815 gegründete Brauerei, bekannt für ihr frisches, gut gezapftes Bier. Dazu werden am Tresen Meeresfrüchtespezialitäten angeboten – und nach Gewicht bezahlt.

Ausgehen

La Ardosa (E 4)
Colón 13, tgl. 12–15 und
18.30–24 Uhr, Metro: Bilbao
Eine kleine betagte Taverne mit altem Interieur vom Ende des 19. Jh. Im La Ardosa bestellt man Wermut vom Fass, Bier oder Guinness.

La Venencia (E 6)
Echegaray 7, tgl. 13–16.30,
20–24 Uhr, Metro: Sol, Sevilla
Wie ein Museum der Tavernenkultur mutet dieses Lokal an, in dem man am Tresen *fino* (trockenen Sherry) und Oliven genießt. Die vergilbten und verrauchten Stierkampfplakate an den Wänden muten andalusisch an.

Los Gabrieles (E 6)
Echegaray 17, tgl. 13–2.30,
Fr, Sa bis 3.30 Uhr, Metro: Sol, Sevilla
Ein Ort, den man gesehen haben muss: Kachelschmuck mit süffig-sarkastisch-folkloristischen Motiven überzieht die Wände der schönen *cervecería,* die zu Beginn des 19. Jh. eröffnet wurde. Die richtige Umgebung für Flamenco live – und den gibt's Dienstag nachts.

Viva Madrid (E 6)
Manuel Fernández González 7
tgl. 13–2 Uhr, Fr, Sa bis 3 Uhr
Metro: Sol, Sevilla
Eine der schönsten Madrider Kneipen. Mittlerweile ziehen die traditionellen Interieurs eine junge Szene an. Schon wegen der Wandkacheln *(azulejos)* lohnt der Besuch.

Cocktails

Le Cock (E 5)
Reina 6, tgl. 19–3.30 Uhr
Metro: Gran Vía
Man kommt ins Le Cock, um gesehen zu werden: Die stadtbekannte Cocktailbar ist ein Treffpunkt der Schönen, der *gente guapa,* und der Kunstszene der Stadt.

De Diego (E 5)
Reina 12, Mo–Sa 19–3.30 Uhr
Metro: Gran Vía
Die Alternative zum Cock, nur einen Katzensprung entfernt. Eine ruhige Cocktail-Bar im Art-déco-Stil.

Museo Chicote (E 5)
Gran Vía 12, Mo–Sa 8–3 Uhr
Metro: Callao, Gran Vía, Sevilla
Die Cocktails sind nicht billig, aber schon Hemingway ließ sie sich in dieser 1931 eröffneten Bar mixen. Über die Jahrzehnte schlürften in den Art déco-Nischen viele Stars ihren Drink, wie die Fotos an den Wänden beweisen. Hier tauchen gelegentlich illustre Leute auf...

Diskotheken & Disco-Bars

Joy Eslava (D 5)
Arenal 11, 22.30–6, Fr–So ab 19 Uhr
Eintritt: 13 €, Fr, Sa abend 16 €
inkl. einem Getränk
Metro: Sol und Ópera
In den Räumlichkeiten eines Theaters von 1872 schwingt die bunte Madrider Disco-Szene das Tanzbein.

La Riviera (A 6)
Paseo Bajo de la Virgen del
Puerto s/n, Di–So 24–6 Uhr
Eintritt je nach Konzert
Metro: Príncipe Pío und Bus 25
Rock, Pop und Salsa geben in dieser Disco nahe dem Fluss und der Puente de Segovia den Ton an. Gelegentlich Live-Konzerte. Im Sommer gibt es Freiluft-Disco, da das Dach entfernt wird.

Ausgehen

Im Palacio de Gaviria tanzt man durch dreizehn Prunksäle

Palacio de Gaviria (D 5)
Arenal 9
Mo–Sa 23–5.30, So 21.30–2 Uhr
Metro: Sol, Eintritt: 8–15 €
Ein nobler Stadtpalais des 19. Jh. mit 13 Prunksälen, die geradezu zu ausschweifenden Festen einladen. Ein gemischtes Publikum tanzt hier die Nächte durch, lauscht Live-Konzerten und schlürft an einem Cocktail, der natürlich nicht ganz billig ist. Und natürlich gibt's jede Menge Leute, die jemanden abschleppen möchten...

Musik-Bars

La Boca del Lobo (E 6)
Echegaray 11, tgl. 23–3 Uhr
Metro: Sevilla
An Wochenenden Eintritt, ca. 6 €
Ein Refugium der intellektuellen Bohème der Stadt – und aus dem Viertel Huertas nicht mehr wegzudenken. Ansprechendes Flair, angenehme Musik, von Jazz über Rock bis zu Modernem, außer im Hochsommer täglich Live-Bands und andere Kulturevents.

Ausgehen

Burladero (E 6)
Echegaray 19, tgl. 20–3.30 Uhr
Metro: Sevilla
Hier geht es rund – umgeben von Fotos bekannter Stierkämpfer und berühmter Gäste, landet im Burladero die Flamenco-Szene. Auch Live-Auftritte.

Café Berlín (D 5)
Jacometrezo 4
tgl. 23–6 Uhr, Metro: Callao
Hier läuft immer gute Musik, mit einer Vorliebe für Jazz. Live-Musik ab 24 Uhr. Die montäglichen Live-Auftritte heißen »*los lunes infernales*« (Höllenmontage).

Cardamomo (E 6)
Echegaray 15, tgl. 21–3 Uhr
Metro: Sol, Sevilla
Live-Musik aus aller Welt und Flamenco-Livekonzerte an jedem Mittwoch. Die schmale Kneipe mit langem Tresen und kleiner Bühne am Ende, ein Treffpunkt der Flamenco-Szene, überrascht mit ihrer angenehm entspannten Stimmung.

La Fídula (F 6)
Huertas 57, tgl. 19–3 Uhr, Fr,
Sa bis 4 Uhr, Metro: Antón Martín

> **Am Ende der Nacht...**
>
> Letzte Station einer langen Madrider Nacht ist seit Jahrzehnten die **Chocolatería de San Ginés** (D 5). Hier gibt es bis zum Morgengrauen stärkenden, dickflüssigen Kakao *(chocolate)*, in den man frittierte Teigkringel *(churros)* tunkt. Eine Institution! (Pasadizo de San Ginés, hinter der gleichnamigen Kirche, tgl. 18–7 Uhr, Metro: Sol)

Musikalische Unterhaltung mit Jazz und Klassik. Dazu schlürft man Cocktails oder nippt am Champagner, wenn es kein Bier sein soll. Ein Klassiker im Literatenviertel.

Galileo Galilei (C 1)
Galileo 100, tgl. 18-4.30 Uhr
Metro: Islas Filipinas oder Argüelles
Ein Klassiker unter den Madrider Lokalen, die regelmäßig Live-Musik anbieten. Hier gibt es aber auch Alternativtheater, Zauberkunst u.ä.

Honky Tonk (E 3)
Covarrubias 24, tgl. 21–5 Uhr
Metro: Alonso Martínez
Das Honky Tonk ist seit langem eine Institution, eines der ältesten Madrider Rocklokale, benannt nach einem Song der Rolling Stones. Man hört hier aber auch Blues und Country – und speist dazu im Restaurant.

El Juglar (E 7)
Lavapiés 37
tgl. 21–3.30 Uhr, Metro: Lavapiés
Bei Live-Auftritten teils 3 € Eintritt
Stadtbekannte und besonders in der Szene von Lavapiés beliebte Kneipe mit einem eigenen Saal für Live-Konzerte. Jazz, Flamenco und afrikanische Musik stehen mit Vorliebe auf dem Programm. Angenehmes Flair.

Libertad 8 (E 5)
Libertad 8, Mo 17–2, Di–Do u. So 13–2, Fr–Sa 13–3 Uhr
Metro: Chueca
Seit Movida-Zeiten ist das Lokal Treffpunkt der alternativen und intellektuellen Szene der Stadt gewesen. Abwechslungsreiches Kulturprogramm, oft Live-Bands, Piano-Bar, Mi und Sa 21 Uhr Geschichten von Nachwuchsliteraten.

Ausgehen

Bei Afro- und Latin Music wird es kosmopolitisch ...

Sol (E 5)
Jardines 3, Di–Sa 0.30–5 Uhr oder länger, bei Live-Konzerten ab 23.30 Uhr
Metro: Gran Vía, Sol
Eintritt: 6 €
Das Sol gehört seit langem zu den Tempeln des Madrider Nachtlebens. Beste Musik, zahlreiche Live-Auftritte spanischer Bands, gute DJs, große Tanzfläche.

Star's Café (E 5)
Marques de Valdeiglesias 5
Mo–Mi 9–2, Fr 9–3.30,
Sa 18.30–4 Uhr
Metro: Banco de España
Mit fortschreitendem Tag wechselt die Szene: vom Frühstückscafé zum Esslokal, von belebter Kneipe zur Disco-Bar. Modernes Design und ein guter Musikmix. Das Star's Café ist ein Szenetreff, auch von Gays.

Travesía (B/C 7)
Travesía de las Vistillas 8
tgl. 19–3 Uhr, Metro: La Latina
World Music, ethnische Musik, gelegentlich live, dazu Cocktails oder andere lateinamerikanische Drinks. Ab und zu bietet sich die Chance, afrikanische Tänze zu erlernen.

Latino-Musik

Larios Café (D 5)
Silva 4, tgl. 21–5 Uhr
Metro: Callao
Betriebsam und lebendig ist es hier, und jeden Abend gibt es Live-Musik. Wer hungrig ist, bekommt wahlweise kubanische oder internationale Küche.

La Negra Tomasa (E 6)
Espoz y Mina /Ecke Cádiz
tgl. 12–3, Do–Sa bis 5 Uhr, Metro: Sol
Ein ›Havana Club‹, die Wände schmücken Fotos und Bilder der Karibikinsel. Etwas für Liebhaber cubanischer Cocktails und cubanischer Musik. Di–So Live-Auftritte ab 21.30 Uhr. Kleine cubanische Gerichte bekommt man für 5–10 €.

Ausgehen

Nächte unter freiem Himmel

Wenn der Frühling kommt, zieht es Jung und Alt nach draußen, die Saison der Terrassen-Bars beginnt. Im Stadtjargon ist von *terraceo* oder in der anglisierten Version von *terrácing* die Rede. Wenn danach der heiße Sommer Einzug hält, von Juni bis August, sehnen sich alle Madrilenen nach einem luftigen Plätzchen am weit entfernten Meer, an einer der spanischen Costas. Und daher füllen sich kurzerhand nach dem Motto »Unter dem Pflaster liegt der Strand« die Bürgersteige ganzer Straßenzüge mit Tischen und Stühlen im Freien. Die Daheimgebliebenen treffen sich nachts, wie sie ironisch formulieren, an ihrer ›Costa Castellana‹ oder der ›Costa Argumosa‹. Die besten Tipps fürs *terraceo* an einer *costa* sind:

Bávaro (F 6): Plaza Emperador Carlos V./Cuesta Claudio Moyano.
Café Gijón und Café del Espejo (F 4): mit Open-Air-Terrassen auf der Flanierzone des Paseo de Recoletos (s. S. 40).
Calle Argumosa (E 7): Der Bürgersteig ist eine einzige Open-Air-Bar, v.a. El Eucalipto, Heladería Yoli, El Automático.
Las Vistillas (B/C 6): Bar El Ventorrillo mit Tischen unter Bäumen und Blick auf die Türme und Kuppeln der Kathedrale.
La Vieja Estación (F 7/8): Avda. Ciudad de Barcelona s/n, direkt beim Atocha-Bahnhof, Open-Air-Bar mit Einsenbahnwaggons.
Paseo de la Castellana (G 2/3): Beliebte Lokale an der ›Costa Castellana‹ sind Castellana 8, Bolero (Nr. 33), Boulevard (Nr. 37), Pedro Larumbe (ABC Serrano, s.S. 57).
Plaza de las Comendadoras (C/D 3): Café Moderno und Café de las Comendadoras.
Plaza del Dos de Mayo (D 3): Terrassen der Lokale No Neim, Corto Maltés und El Magerit.
Plaza de Oriente (C 5): Café de la Ópera mit Blick auf die grüne Plaza de Oriente und das Schloss.
Plaza de Santa Ana (E 6): Cervecería Alemana, Cervecería Santa Ana, Naturbier, La Moderna.

Oba Oba (D 5)
Jacometrezo 4, tgl. 23–3 Uhr, wochenends länger, Metro: Callao
Für 6 € Eintritt genießt man brasilianisches Flair und brasilianischen Sound.

El Son (E 6)
Victoria 6, tgl. 21–5 Uhr, Fr, Sa 6 € Eintritt, Metro: Sol
Latin Music ist hier Trumpf, cubanische Klänge, Salsa und Merengue – daher der Name. Legeres Ambiente, gute Stimmung. Hier wird die Nacht durchgetanzt. Mo–Do Live-Musik, außer im Sommer.

Irische Pubs

La Taberna de Elisa (E/F 6)
Santa María 42, Mo–Sa 19–5 Uhr
Metro: Antón Martín
Ein authentisches ›keltisches‹ Lokal mit rustikalem Flair und Ziegelsteingewölben im Souterrain – und meist rappelvoll. Gutes Bier, manchmal Live-Musik.

Molly Malone's (D 3)
Manuela Malasaña 11
tgl. 16–3 Uhr, Metro: Bilbao
Das irische Lokal unweit der Plaza del

Ausgehen

Dos de Mayo bietet mehr als 20 verschiedene Biere. Hier spielt man Billard und Darts.

Gays & Lesben

Café Acuarela (E 4)
Gravina 8, tgl. 15–3 Uhr
Metro: Chueca
Das kleine ruhige Café mit einem Hauch Nostalgie und barocker Putten-Deko ist ein beliebter Gay-Treff.

Cruising (E 4)
Pérez Galdós 5, tgl. 19–1.30 Uhr
Metro: Chueca
Für Gays: Hardcore- und Lederszenetreff, Strip-Shows, Videos, Tanz- und Barbereich sowie Chambres separées – auf zwei Stockwerken.

Café Figueroa (E 4)
Augusto Figueroa 17
Mo–Do 12–1, Fr, Sa 12–2.30,
So 16–1 Uhr,
Metro: Chueca
Madrids ältestes Gay-Café, Treff von Männern aller Altersgruppen. Billard, Parties.

New Leather (E 4)
Pelayo 42, tgl. 20–3 Uhr
Metro: Chueca
Zweistöckige Gay-Bar mit Tanzfläche, Dark Room, Separées. Am Wochenende herrscht Hochbetrieb.

El Barberillo de Lavapiés (E7)
Salitre 43, Di–Do 21–2.30, Fr, Sa bis 3.30 Uhr, Metro: Lavapiés
Ein Lesbentreff, der jedoch auch Heteros anzieht: Ausspannen bei guter Musik, beim Schach-, Parchís- oder Kartenspiel, mit Fruchtsäften oder Café ist hier angesagt.

El Truco (E 4)
Plaza de Chueca 10, tgl. 21–2.30,
Fr, Sa bis 5 Uhr, Metro: Chueca
Bei Lesben beliebter Disco-Pub. Ein großes Plus ist die Außenterrasse auf dem Viertelsplatz.

Medea (E 6/7)
Cabeza 33, Mi–Sa 23–5 Uhr
Metro: Tirso de Molina und
Antón Martín
Frauen-Diskothek mit guter Musik – und geradezu eleganter Dekoration. Gelegentlich gibt man auch Kabarettaufführungen.

XXX Café (E 5)
Gran Vía 16, Eingang an der Calle Clavel, Ecke Calle Reina
tgl. 13–1.30, Fr, Sa bis 2.30 Uhr
Metro: Gran Vía
Café und Kneipe mit Livemusik, in der sich eine junge Szene trifft: Männer, die Männer mögen, und Frauen, die Frauen bevorzugen.

Madrid Gay

Chueca – rund um den gleichnamigen Platz (E 4) – ist das von Gays wie Lesben bevorzugte Viertel Madrids. Entsprechend groß ist die Zahl der Bars, Disco-Bars, Cafés, Restaurants und Saunen, die zur Szene gehören. Eine Institution ist das **Berkana,** Café und Buchhandlung, Calle Hortaleza 64, das den Führer ›Madrid gay, gay & lesbian map of Madrid‹ herausgibt. Infos im Internet bieten die folgenden Seiten: www.portalgay.com
www.corazongay.com
www.yoentiendo.com
www.chueca.com und
www.cogam.org.

Unterhaltung

Fiesta de San Cayetano, San Lorenzo y La Paloma

Madrider Unterhaltungsmarathon

Das Kulturprogramm der Stadt ist unerschöpflich. Kein Monat im Jahr vergeht ohne ein wichtiges Stadtfest, ein mehrtägiges oder mehrwöchiges Kulturfestival und andere Events.

Erlebenswert sind das Stadtfest am 2. Mai, die Feria de San Isidro Mitte Mai und die Fiesta de San Cayetano, San Lorenzo y La Paloma der Madrider Altstadtviertel in der ersten Augusthälfte.

Das Flamenco-Festival Ende Mai ist eine Reise nach Madrid wert, das zweitägige Rockfestival Festimad Ende Juni ebenso. Während der Madrider Kultursommer und während des Herbstfestivals stehen abwechslungsreiche Bühneninszenierungen und Musikevents auf dem Programm. Dazwischen gibt es Fotoausstellungen, Vernissagen und Lesungen in den ambitionierten Kulturzentren der Stadt.

Es gibt wohl nur wenige Städte, in denen die Theatertradition so lebendig ist wie in Madrid – seit die Dramatiker des Goldenen Zeitalters ihr Publikum begeisterten. Neben den großen Schauspielhäusern existieren einige Dutzend private Bühnen bzw. sog. *salas alternativas,* die mit wenig Geld viel experimentelles Theater inszenieren. Was gerade wo läuft, vermitteln die wöchentlichen Programmübersichten.

Aktuelle Programmübersicht

Die Zeitungen El País, El Mundo und ABC, die in Madrid verlegt werden, bieten auf ihren Lokalseiten einen aktuellen Überblick über alle kulturellen Ereignisse und Angebote sowie über die Aktivitäten der zahlreichen Ausstellungszentren, die sich über die Stadt verteilen. Gut ist die Freitags-Beilage ›Metrópoli‹ von El Mundo, die im Gegensatz zu ›Tentaciones‹ von El País zusätzlich einen Restaurantreport enthält. Wöchentlich freitags erscheint auch das Veranstaltungsmagazin ›Guía del Ocio‹, und in den Touristeninformationen liegt das Heft ›En Madrid – What's on‹ aus. Das Touristentelefon 010 der Stadt hilft ebenfalls mit Auskünften weiter. Infos im Internet:
www.guiadelocio.com
www.madrid.org/turismo
www.lanetro.com
www.descubremadrid.com.

Kartenvorverkauf

Teatro Real: Tel. 902 24 48 48, für die hauseigenen Aufführungen, s. S. 77
El Corte Inglés: Konzertkarten, Tel. 902 40 02 22; Theaterkarten, Tel. 902 26 27 26; www.elcorteingles.es
Servicaixa: Konzert-, Theater- und Fußballkarten, Tel. 902 33 22 11
FNAC und **Madrid Rock:** Konzertkarten, Adresse s. S. 53.

Unterhaltung

Feste & Festivals

Januar
Reyes Magos (5./6. Jan.): Umzug der Heiligen Drei Könige. Statt an Weihnachten ist in der folgenden Nacht für die Kinder Bescherung.
San Antón (17. Jan.): Tag des Schutzheiligen der Tiere, mit Segnung der Haustiere vor der Kirche San Antón (E 4, s. auch Tour 4).

Februar
Karneval: Volksfeststimmung im Zentrum der Stadt, Maskenbälle im Círculo de Bellas Artes und am Ende: *Entierro de la Sardina,* die Beerdigung der Sardine in der Casa de Campo.
Madrid en Danza: Madrid tanzt, zahlreiche Tanztheater- und Ballettveranstaltungen ab Ende Februar.

März/April
Semana Santa: Zu den Karwochenfeierlichkeiten führen die Kirchengemeinden Prozessionen mit aufwändigen Thronen und Passionsfiguren durch. Dabei stehen in Madrid der ›reiche‹ Christus der Iglesia de Jesús de Medinaceli (F 6) und der ›arme‹ Christus der Altstadtkirche Iglesia de San Pedro el Viejo (C 6) als Kontrahenten im Zentrum des öffentlichen Interesses. Im Rahmen des **Festival de arte sacro** (Festival der religiösen Kunst) finden in verschiedenen Kirchen Konzerte statt.

Mai
Fiestas de la Comunidad de Madrid (2. Mai): Feier zur Erinnerung an den 2. Mai 1808 und an die blutigen Straßenschlachten gegen die napoleonischen Besetzer der Stadt, bei denen viele Madrilenen ihr Leben verloren. Musikveranstaltungen und Tanznächte. Zentrum des Festes ist die Plaza del Dos de Mayo (D 3).
San Isidro (15. Mai): Fest des Stadtpatrons mit einer Wallfahrt und Live-Konzerten am Abend auf der Plaza Mayor und bei den Vistillas. Die Feria de San Isidro unterhält mit täglichen Stierkämpfen auf Madrids schöner Plaza de Las Ventas (L 2).
Flamenco-Festival ›A corazón abierto‹ (Ende Mai): Die besten Interpreten des Landes, vor allem in Gesang und Gitarre, treten in der Stadt auf – im schönen Auditorium des Colegio Oficial de Médicos.
Feria del Libro (ab Ende Mai): Zweiwöchiger Buchmarkt im Stadtpark Retiro, am Paseo Duque de Fernán Núñez (H 6).

Juni
San Antonio (13 Juni): In seiner Einsiedelei, der Ermita de San Antonio direkt neben dem Panteón de Goya (A 3/4), bitten Madrileninnen um die Hilfe des Heiligen beim Finden eines Bräutigams. Mit nächtlichem Volksfest.
Día del Orgullo Gay (28. Juni): Am ›Tag des stolzen Gay‹ bzw. am folgenden Samstag feiern sich selbige mit einer Kundgebung von der Calle de Alcalá bis zur Puerta del Sol. Eine Woche Feststimmung im Viertel Chueca (s. S. 83).
Festimad (Ende Juni): 48 Std. Live-Musik am Stück in Móstoles, 20 km südlich von Madrid. Zum Festimad kommen Jugendliche aus ganz Spanien und Europa (Tel. 915 47 81 15, www. festimad.es, Nahverkehrszug C-5 bis El Soto).
PHotoEspaña (Mitte Juni – Mitte Juli): Ausstellungen internationaler Foto-Kunst, organisiert durch die Galerie La Fábrica (www.phedigital.com, www.notodo.com).

Unterhaltung

Flamenco in Madrid

Der Flamenco ist die Musik der spanischen Zigeuner, der *gitanos*. Er ist wild und traurig, schwermütig und zornig: Ausdruck von Gemütsverfassungen, die von unerwiderter Liebe, der Misere eines Außenseiterlebens und alltäglichen Wehwehchen sprechen. Flamenco kann man nicht erlernen, so heißt es, man hat ihn im Blut, erbt diese künstlerische Ausdrucksform von den Vorfahren. Die Crème de la Crème der spanischen Flamenco-Künstler – Sänger, Gitarristen, Tänzer – trifft man in Madrid, wo zahlreiche *gitanos* leben. Wenn nicht anlässlich des Flamenco-Festivals Ende Mai im Colegio de Médicos, dann an einem der Szene-Treffpunkte oder in einem Restaurant-Tablao mit nächtlichen Shows. Empfehlenswert sind die **Casa Patas** (s. S. 73) und **La Solea** (s. S. 74) sowie die Lokale **Los Gabrieles** (Flamenco live Dienstag nachts, s. S. 64) und **Cardamomo** (Flamenco Mittwoch nachts, s. S. 66) im Literaturviertel.

Juli/August
Veranos de la Villa: Madrider Kultursommer. Ein buntes Theater- und Konzertprogramm, mit Jazz, Flamenco und viel World Music, ›verschönert‹ die heißen Sommernächte in Madrid.

August
San Cayetano, San Lorenzo y La Paloma (7.–15. Aug.): Das wichtigste und beliebteste Madrider Stadtfest prägt eine Woche lang die Altstadtviertel zwischen Plaza de Lavapiés, Plaza de Cascorro und Las Vistillas (E 7 – B/C 6).

September
Fiestas de la Melonera (9.–13. Sept.): Musikveranstaltungen am Manzanares-Ufer, nahe der Einsiedelei der gefeierten Melonen-Jungfrau, alias Virgen del Puerto (A 6).
Fiesta del PCE (Ende Sept.): Das Fest der Kommunistischen Partei Spaniens bzw. der Nachfolgeorganisation Izquierda Unida (Vereinigte Linke) ist in Madrid noch immer ein großes Polit-Volksfest in der Casa de Campo (westl. A 5), mit Imbiss, Musik, Folklore, und nicht nur bei Parteianhängern beliebt.

Oktober
Festival de Otoño (ab Mitte Okt.): Ein ganzer Programmzyklus mit Theater, Tanz, Ausstellungen, Konzerten. Anlässlich des Herbstfestes werden außerdem täglich Stierkämpfe veranstaltet.

November
Emociona Jazz: Jazzfestival, den ganzen Monat über, mit einem Zyklus an hochrangigen Konzerten in verschiedenen Theatern und auf den Musikbühnen der Stadt.

Dezember
Danza en diciembre: Zum Tanzfestival am Jahresende stehen auf den Bühnen der Stadt Tanztheater und Ballett auf dem Programm.
Weihnachtsmarkt: Auf der Plaza Mayor. Zeitgleich findet ein Kunsthandwerksmarkt auf dem Paseo de Recoletos statt, eine Fundgrube für Weihnachtsgeschenke.
Silvester: Um Mitternacht lauscht man auf der Puerta del Sol (D 5) den zwölf Glockenschlägen der Turmuhr und verzehrt zu jedem eine Traube – das bringt im neuen Jahr Glück!

Unterhaltung

Flamenco

Café de Chinitas (C 5)
Torija 7
Tel. 915 59 51 35
Mo–Sa 21–2, Sessions 22.30 Uhr
Metro: Santo Domingo
Restaurant mit Flamenco-Shows, das die Tradition eines *tablaos* des 19. Jh. fortführt.

Casa Patas (E 6)
Cañizares 10, www.casapatas.com
Tel. 913 69 04 96, Shows Mo–Do 22.30, Fr, Sa 21 und 24 Uhr
Metro: Antón Martín, Tirso de Molina, Eintritt: 23–27 €
Restaurant-Tablao, in dem man zum Nachtmahl – das Restaurant hat abends ab 20 Uhr geöffnet – Flamenco-Shows erleben kann, in einem alten Salon mit Säulen. Eine Madrider Institution in Sachen Flamenco.

Las Carboneras (C 6)
Plaza del Conde de Miranda 1
Tel. 915 42 86 77
Mo–Sa ab 21 Uhr
Metro: Sol, ca. 30 € inklusive Getränk
Restaurant-Tablao im Souterrain des ehemaligen Palastes des Grafen von Miranda, unweit der Plaza Mayor. Auf den Teller kommt Madrider Küche, zum ›Nachtisch‹ gibt es Flamenco. Aufführungen um 22.30 und 23 Uhr.

El Candela (E 7)
Olmo, 2, Tel. 914 67 33 82
Mo–Sa 22–5.30 Uhr
Metro: Antón Martín
Flamenco-Kneipe, Treff von Fans und Künstlern: Tänzern, Sängern, Gitarris-

Musik, die aus der Seele kommt: Die Flamenco-Sängerin Carmen de Linares

Unterhaltung

ten, von denen einige in Lavapiés leben. Spontan ergeben sich hier gelegentlich Flamenco-Sessions.

La Soleá
Cava Baja 34
Tel. 913 66 05 34
Mo-Sa 22–2, manchmal bis 4Uhr
Metro: La Latina, Drinks ab 6 €
So richtig los geht es in diesem Treffpunkt der Flamenco-Szene oft erst um Mitternacht. Spontane Sessions und die Intuition des Augenblicks bestimmen noch immer, was hier gesungen und gespielt wird, während andernorts ein geplantes Programm die Regie führt. Eine wirkliche Empfehlung für Insider.

Jazz

Café Central (E 6)
Plaza del Ángel 10
Tel. 913 69 41 43
13.30–2.30, Fr, Sa bis 3.30 Uhr
Eintritt: 6–12 €
Metro: Sol und Antón Martín
Nach dem schönen Café voller Spiegel, Relikte eines früheren Ladens für Spiegel und Bilderrahmen, benannte Dizzy Gillespie einen seiner Songs. Eine Madrider Jazz-Institution mit nächtlichen Sets von 22–24 Uhr in intimer Atmosphäre. Mit Restaurantbetrieb.

Clamores (E 2)
Albuquerque 14
Tel. 914 45 79 38
tgl. 18–3, Fr, Sa bis 4 Uhr
Metro: Bilbao
Eintritt für Live-Sessions: 3–6 €
Stadtbekanntes Lokal, in dem man dem Jazz frönt.

Populart (E 6)
Huertas 22
Tel. 914 29 84 07
tgl. 18– ca. 3, Fr, Sa bis 3.30 Uhr
Metro: Antón Martín
Im Literatenviertel *die* Jazz-Adresse, wenn man einmal vom nicht allzu weit entfernten Café Central absieht. In dieser verrauchten Kneipe treten jede Nacht Bands auf, teils stehen auch Blues-Interpreten auf der Bühne. Bei Live-Auftritten steigt der Getränkepreis.

Calle 54: Jazz für Gourmets

Bedeutende Namen aus der Welt des Jazz zieren die Wand am Eingang zum Club ebenso wie die Bar. Ab 22 Uhr sind hier Musiker, vorwiegend Interpreten des Latin Jazz, on stage. Leute wie Bebo Valdés, Jerry González oder Chano Domínguez traten hier bereits auf. Calle 54 ist nach einem Film benannt, den der spanische Regisseur Fernando Trueba lateinamerikanischen Jazzmusikern gewidmet hat. Trueba ist hier selbst Clubmitglied, ebenso wie der katalanische Designer Javier Mariscal, der das Lokal durchstylte, oder die Journalistin Concha García Compoy.
Calle 54 ist ein Club für Genießer: Im Restaurant im 1. Stock gibt es baskische Gourmetküche, am Herd steht ein Schüler von Arzak, dem bekanntesten spanischen Koch. Mit ca. 50 € für ein Menü muss man rechnen. Eine Alternative bieten die Pasta und frischen Salate, die man unten im Bistrot bekommt. Köstlich sind auch die Cocktails und *mojitos*.
Calle 54 (nördl. F 1), Paseo de la Habana 3, Reservierung: Tel. 902 14 14 12, tgl. 12–2/3 Uhr, Konzerte ab 22 Uhr, Metro: Nuevos Ministerios.

Unterhaltung

Die Madrider Jazz-Adresse schlechthin: Café Central

Konzerte

Auditorio Nacional de Música (nördl. J 1)
Príncipe de Vergara 146
Tel. 913 37 01 40
www.auditorionacional.mcu.es
Metro: Cruz de Rayo
Sitz des spanischen Nationalorchesters. Von Okt. bis Juni gibt es jeden Fr, Sa nachmittag und So vormittag Sinfoniekonzerte und Kammermusik in der *sala sinfónica* und von Okt. bis Mai immer Di und Do nachmittag in der *sala de cámara* Kammermusik.

Colegio Mayor San Juan Evangelista (nördl. B 1)
Avenida de Gregorio del Amo 4
Tel. 915 34 24 00
Metro: Metropolitano
Der Club de Música y Jazz hat einen guten Ruf: Er organisiert Jazz-Konzerte mit international bekannten Interpreten. Gelegentlich auch Flamenco und andere Konzerte.

Real Academia de Bellas Artes de San Fernando (E 5)
Alcalá 13
Metro: Sol
In der ›Königlichen Kunstakademie‹ (s. Museen, S. 101) kann man Sa um 12 Uhr die Klassik-Konzerte des Radio Nacional de España live miterleben.

S. auch Fundación Juan March, S. 77.

Sonntagskonzerte im Retiro

Was gibt es Schöneres, als an einem Sonntag unter dem blauen Himmel von Madrid in den schönen Stadtpark zu gehen? Um 12 Uhr spielt an der Nordseite des Parks, im Templete de Música (Musikpavillon, G 5), das Stadtorchester zu einem klassischen Konzert unter freiem Himmel auf. Nur im Sommer.
Metro: Retiro.

Unterhaltung

Tipps für Cineasten

Madrid ist Spaniens wichtigste Film-Produktionsstätte. Die Produzenten und Regisseure der Metropole holen beim jährlichen Filmfestival in San Sebastián Preise. Dennoch laufen vorwiegend Hollywoodstreifen über die Leinwände der Kinos an der Gran Vía und der Plaza del Callao (D 5) mit ihren riesigen handgemalten Plakaten oder im Renoir, Alphaville und Princesa, den Programmkinos rund um die Plaza de España. Cineasten schwärmen vom **Cine Doré**, das die Filmoteca Española (Spanische Kinemathek) beherbergt. Im Jugendstilbau in der Calle Santa Isabel 3, unweit der Metro-Station Antón Martín (E 6/7) läuft ein anspruchsvolles Programm (Originale mit Untertiteln), im Sommer gibt's Freiluftkino im Innenhof. Schon das Gebäude, mit Cafetería, lohnt einen Besuch. Open-air-Filmgenuss bietet im Sommer ab 22 Uhr auch das **Festival de Cine al Aire libre** im Parque de la Bombilla nahe der Ermita de San Antonio (A 3/4).

Teatro Monumental (E 6)
Atocha 65
Tel. 914 29 12 81
Metro: Antón Martín
Sitz des Sinfonieorchesters von Radio Televisión Española. Konzerte finden von Okt. bis April Do sowie Fr nachmittag statt.

Kulturzentren

Die Madrider Kulturzentren blicken oft auf eine hundertjährige Tradition zurück. Praktisch täglich wird irgendwo eine Ausstellung eröffnet, aus einem Buch gelesen, ein Film oder Theaterstück angeboten oder zu einer öffentlichen Diskussion eingeladen.

Ateneo de Madrid (E 6)
Prado 21, Tel. 914 29 62 51
www.ateneodemadrid.org
Metro: Sol, Sevilla, Antón Martín
Seit über 150 Jahren ein Hort der Kultur, ein Treffpunkt der intellektuellen Elite der Stadt, in einem Gebäude von 1884 im Literatenviertel. Das Ateneo veranstaltet zahlreiche Debattierrunden und besitzt ein schönes Café.

Casa de América
Paseo de Recoletos 2
Tel. 915 95 48 00, Mo–Fr 11–20,
Sa 11–19, So 11–14 Uhr
Metro: Banco de España
Das Amerikahaus dokumentiert mit Ausstellungen, Lesungen, Konzerten und anderen Veranstaltungen die kulturelle Auseinandersetzung mit den Ländern Mittel- und Südamerikas. Mit Restaurant und Gartenterrasse.

Centro Cultural Conde Duque (C 3)
Conde Duque 9–11, Tel. 915 88 58 34,
Metro: Plaza de España, Ventura Rodríguez, San Bernardo
Ex-Kaserne mit einem schönen, überbordenden Barockportal. Viele Ausstellungen zeitgenössischer Kunst, Theateraufführungen unter freiem Himmel im Innenhof und Livekonzerte.

Centro Cultural de la Villa (G 4)
Plaza de Colón s/n, Tel. 915 75 60 80
Metro: Colón, Serrano
Das ›Kulturzentrum der Stadt‹ liegt ein wenig versteckt unter den Entdeckungsgärten, hinter einer geräusch-

Unterhaltung

vollen Wasserkaskade. Hier gibt es Konzerte, Theater und Ausstellungen – und das Café de los Artistas (›Künstlercafé‹).

Círculo de Bellas Artes (E/F5)
Marqués de Casa Riera 2
Ecke Alcalá, Tel. 913 60 54 00
www.circulobellasartes.com
Metro: Sevilla, Banco de España
Eine Institution, die seit über 100 Jahren das Kultur- und Kunstschaffen in der Stadt mit Ausstellungen, Konzerten, zahlreichen Vorlesungen und eigenem Filmstudio fördert. Am Todestag von Miguel de Cervantes, am 23. April, wird 24 Stunden lang ununterbrochen aus dem »Quijote« vorgelesen. Unten im Haus befindet sich eines der schönsten Cafés der Stadt (s.S. 40).

Fundación Juan March (H 2)
Castelló 77
Tel. 914 35 42 40, www.march.es
Metro: Núñez de Balboa
Konzerte am Mi nachmittag sowie Mo und Sa vormittag, der Eintritt ist frei. Die Stiftung Juan March ist ein ambitioniertes Kulturzentrum, das rund ums Jahr zahlreiche Ausstellungen organisiert und zeitgenössische spanische Kunst präsentiert.

Oper & Zarzuela

Teatro Real (C 5)
Plaza de Oriente 4, Tel 915 16 06 00
www.teatro-real.com
Metro: Ópera
Das große Königliche Opernhaus gegenüber dem Schloss wird auch Teatro de la Ópera genannt, denn hier treten die Großen der Opernwelt auf. Ein anspruchsvolles Programm mit Opern, Operetten und Ballett sowie Konzerte. Mit Café und Restaurant.

Teatro de La Zarzuela (E/F 5)
Jovellanos 4, Tel. 915 24 54 00
Metro: Banco de España, Sevilla
In der ersten Jahreshälfte Opern, Tanztheater und Ballett, in der zweiten *zarzuelas,* eine urspanische, volkstümliche Form des Musiktheaters, die gern auch als ›Operette des kleinen Mannes‹ bezeichnet wird und sich in Madrid nach wie vor großer Beliebtheit erfreut. Ein schöner Saal mit 1300 Plätzen.

Theater

Teatro Albéniz (D 6)
Paz 11, Tel. 915 31 83 11
Metro: Sol
Das alte Theater gleich bei der Puerta del Sol bringt das beste Theaterprogramm der Stadt auf die Bühne. Moderne und sehr niveauvolle nationale und internationale Produktionen.

Teatro de la Comedia (E 6)
Príncipe 14
Tel. 915 21 49 31
Metro: Sol, Sevilla
Das schönste Theater der Stadt wurde 1875 erbaut. Hier tritt die anspruchsvolle Truppe der Nationalen Gesellschaft des Klassischen Theaters auf. Frische Inszenierungen spanischer Klassiker.

Teatro Español (E 6)
Príncipe 25
Tel. 914 29 62 97
Metro: Sol, Sevilla
Das schöne Haus steht mitten im Literatenviertel, an der Plaza de Santa Ana. Man inszeniert hier spanische Bühnenstücke von klassisch bis modern, am Wochenende auch Kindertheater. Unten im Haus befindet sich ein angenehmes Café.

Unterhaltung

Teatro María Guerrero (F 4)
Tamayo y Baus 4
Tel. 913 10 29 49
Metro: Banco de España, Colón
Die frisch renovierte größte Madrider Bühne ist Spielstätte des Nationalen Dramatischen Zentrums.

Stierkampf

Plaza de Toros Monumental de las Ventas (L 2)
Alcalá s/n, Metro: Ventas
Kultur? Ritual mit fast religiösem Charakter, Volksspektakel oder Tierquälerei? Der Stierkampf ist ein Reizthema, und das durchaus auch in Spanien selbst. Der spanische Stierkult hat mythologische Wurzeln und ist Jahrtausende alt. Über die Jahrhunderte wurden die Regeln und Gesetze des Stierkampfes geformt, ein Ritual mit festem Ablauf, das an einem Stierkampfnachmittag bis zu sechs Mal wiederholt wird.

Die Madrider *aficionados,* die Szene, trifft sich in der 1931 eingeweihten Arena, die 23 000 Zuschauer fasst. Olé, lautet ihr Ruf, wenn die Zeremonie so abläuft, wie es die Regeln der *corrida* verlangen. Stierkampfzeit ist von Ostern bis Oktober am Wochenende, während der Feria de San Isidro Mitte Mai bis Mitte Juni und der Feria de Otoño Ende September bis Oktober täglich. Eintrittskarten erhält man an den Kassen der Arena (L 2) sowie in der Calle de la Victoria (E 6, Metro: Sol). Preiswerter sind die Plätze, auf denen man der Sonne ausgesetzt ist *(sol),* teurer die Schattenplätze *(sombra).* S. auch S. 96.

Matadores: Die Helden der spanischen Arenen

Unterwegs mit Kindern

Mit Kindern nach Madrid?

Ein Großstadtbesuch mit Kindern will immer gut überlegt sein, und da macht Madrid keine Ausnahme. Metro und Busse nutzen – das ist mit Kinderwagen kein leichtes Spiel, denn es herrscht dichtes Gedränge, und Aufzüge gibt es auch nicht. Der Madrider Verkehr ist recht rasant und verlangt ständiges Aufpassen. Und Kinderteller sind in Restaurants keine Selbstverständlichkeit. Andererseits ist jedermann Eltern gegenüber hilfsbereit, kümmert sich jedermann auch um die Kinder anderer Leute und wird jeder Koch selbstverständlich etwas auf den Teller zaubern, was den Kleinen schmeckt. Und man kann in Madrid so manches unternehmen, was Groß und Klein gleichermaßen Spaß macht.

Unternehmungen im Grünen

Retiro (H 5/6): Metro Retiro
Am See im Stadtpark El Retiro werden kleine **Boote** vermietet, mit Blick auf das Monument für Alfons XII. dreht man seine Ruderrunden über den Estanque. **Puppentheater** *(Teatro de Títeres)* wird Sa, So und feiertags um 13, im Sommer auch um 19 Uhr im Parque del Retiro geboten. Die Show ist so lustig und anregend, dass auch die Sprache kein Problem darstellt. Im Übrigen ist der Retiro ein riesiges Areal zum Austoben und eignet sich auch für ein **Picknick** im Grünen.

Casa de Campo (westl. A5): mit Zoo-Aquarium und Parque de Atracciones, Metro Casa de Campo bzw. Bus 33 ab Príncipe Pío (Metro: Príncipe Pío). Im riesigen Grünareal auf der anderen Seite des Río Manzanares bieten sich verschiedene Unternehmungen an. Der **Zoo** lockt mit rund 3000 exotischen Tieren und einem Aquarium mit tropischen Fischen (10 Uhr bis Sonnenuntergang, Eintritt 13 €., Kinder 11 €). Der **Parque de Atracciones** ist ein kirmesartiger Vergnügungspark mit zig Familienrestaurants (Okt. – März Sa, So, feiertags, sonst tgl. ab 12 Uhr, Eintritt 5 €, inklusive Nutzung der Geräte 21 € für Erwachsene, 12 € für Kinder). Außerdem gibt es hier einen **See mit Bootsverleih** und ein großes **Schwimmbad.** Ein Tipp: Schweben Sie mit dem **Teleférico** hinüber (s. S. 103)!

Museen

Museo Nacional del Ferrocarril (F 8) Paseo de las Delicias 61, www.museo delferrocarril.org, Di–So 10–15 Uhr, Metro: Delicias, 3,50 €, Sa gratis. Im stillgelegten Delicias-Bahnhof sind Waggons und Lokomotiven aus 150 Jahren Eisenbahngeschichte zu sehen.
Museo Nacional de Ciencias Naturales (nördl. G 1): s. S. 93. Besonders interessant für Kinder sind die Dinosaurierskelette.

Ausflug

Mit der Dampflokomotive nach Aranjuez: Vom Atocha-Bahnhof (G 8) startet im Sommer eine alte Dampflokomotive nach Aranjuez. (s. S. 104), wo besonders das Barkenmuseum für Kinder interessant ist.

Essen auf Madrider Plätzen

Bis zum Sonnenuntergang trifft man auf den Plätzen der Stadt spielende Kinder. Solche Plätze bieten sich an, um den Tag ausklingen zu lassen, mit Tapas oder einem richtigen Essen. Empfehlenswert sind die Plazas Santa Ana, Oriente und Comendadoras oder die Calle de Argumosa (s. S. 68).

Aktiv in Madrid

Eine Stadt in Bewegung: Puerta del Sol

Arabisches Bad

Medyna Mayrit (D/E 6)
Atocha 14, Tel. 902 33 33 34
www.hammamspain.com
Metro: Sol
ab 10 Uhr geöffnet, 15 €
In einer ehemaligen Zisternenanlage der Madrider Altstadt sind Bäder im typisch arabischen Stil eingerichtet worden. Ein Durchgang in diesem Hammam dauert ca. 1,5 Std. Wegen des Andrangs sollte man sich möglichst vorher anmelden!

Fitness

Bodhidharma (D 8)
Moratines 18–20, Tel. 915 17 45 28
Mo–Fr 8–23, Sa 9–14, 18–22 (im Juli/Aug. Sa 9–14), So, fei 10–15 Uhr
Metro: Embajadores, Acacias
Neben Bodybuilding und Aerobic werden Selbstverteidigungskurse und Massagen angeboten. Außerdem gibt es eine Sauna.

Votre-ligne (G/H 2)
Lagasca 88, 1°, Tel. 915 76 40 00
Metro: Núñez de Balboa
Aerobic, Bodybuilding, Sauna, Jakuzzi und Massagen. Es gibt einen Pool. Nur für Frauen.

El Horno (E 6)
Esgrima 11, Tel. 915 27 57 01
www.centroelhorno.com
Metro: Antón Martín
Tanz, Gymnastik, Yoga, Flamenco, Massagen und Schönheitsprogramme.

Golf

El Olivar de la Hinojosa (nördl. K 1)
Avda. de Dublín s/n,
beim Messegelände im Campo de las Naciones, Tel. 917 21 18 89
Metro: Campo de las Naciones
Preise: 9-Loch-Kurs ca. 15 €, 18-Loch-Kurs ca. 37 €, Ausrüstung: ca 9 €.
Die ›Platzreife‹ reicht für den 9-Loch-Kurs, für den 18-Loch-Kurs wird zusätzlich der Nachweis eines Handicaps verlangt. Ein halbes Dutzend weiterer Golfplätze liegt rund um Madrid. Infos erteilt die Federación Madrileña de Golf, Tel. 915 56 71 34, www.fedgolf-madrid.com.

Joggen

Am einfachsten zu erreichen und ideal zum Joggen ist der **Stadtpark El Retiro** mitten in der Stadt (G/H 5/7). Das Gelände ist weitläufig genug, um auch

Aktiv in Madrid

größere Runden drehen zu können, und neben Asphalt- gibt es Sandwege. Auch in den **Parque del Oeste** (A 1–B 4), ein zum Río Manzanares hin abfallendes Gelände, zieht es Jogger. Und wer den Weg bis zur **Casa de Campo** (westl. A 5) nicht scheut, findet auf diesem riesigen Grünareal unendliche Möglichkeiten, sich die Lunge aus dem Leib zu laufen (Metro: Lago oder Batán). S. S. 102 f.

Schwimmen & Aquaparks

Canal de Isabel II (nördl. D 1)
Avenida de Filipinas, Tel. 915 33 17 91, Metro: Canal
Das Freibad mit Liegewiese, Bar und Restaurant ist vom 30. Mai bis 30. Aug. geöffnet.

Casa de Campo (westl. A5)
Avda. del Ángel s/n, Tel. 914 63 00 50, Metro: Lago
Zwei 50-m-Becken, große Liegewiese. Das Bad ist ebenfalls vom 30. Mai bis 30. Aug. geöffnet.

Hotel Emperador (D 4/5)
Gran Vía 53, Tel. 915 47 28 00
Metro: Callao
Auf der Dachterrasse eines Hotels schwimmen! Schon wegen der Aussicht aufs Königsschloss lohnend – aber auch teuer: 19–27 €. Nur im Sommer von 11–21 Uhr geöffnet.

Aquamadrid (nördl. K 1)
Ctra. de Barcelona, N II, km 15,5
San Fernando de Henares
Tel. 916 73 10 13
12–20, Sa, So 11–20 Uhr
Busse (gratis) ab Avda. de América (dorthin gelangt man per Metro: Avenida de América, J 1)
Eintritt: ca. 12 €, Kinder ca. 9 €.
Dieser Wasservergnügungspark für Groß und Klein ist von Juni bis September geöffnet.

Fußball

Die Fußballfans der Stadt teilen sich in die Anhänger des international bekannten Vereins **Real Madrid,** dessen Estadio de Santiago Bernabeu am oberen Paseo de la Castellana liegt, und die Fans von Atlético de Madrid, dessen Estadio Vicente Calderón sich in der Nähe des Río Manzanares befindet. Während die ›Königlichen‹ weiße Hemden tragen, erkennt man die Kicker von Atlético an den rot-weiß gestreiften Shirts. In der Regel werden am Samstag und Sonntag Spiele ausgetragen.

Estadio de Santiago Bernabeu (nördl. G 1): Paseo de la Castellana s/n, Tel. 913 98 43 00
www.realmadrid.es
Metro: Santiago Bernabeu.
Estadio Vicente Calderón (südl. B 8): Paseo de la Virgen del Puerto 67
Tel. 913 66 47 07
www.clubatleticodemadrid.com
Metro: Pirámides.

Sport-Infos

Über Sport in Madrid, ob Schwimmen, Golf oder Tennis, kann man sich bei der Oficina de Información Deportiva unter Tel. 915 40 39 39 informieren (nur auf Spanisch). Das Internet, www.imd.es, bietet zugleich die Möglichkeit, Anlagen wie etwa Tennisplätze direkt zu buchen.

Calle de Alcalá

Sehenswert

Orientierung

Das Zentrum Madrids dehnt sich zwischen dem Schloss an der Westseite und dem großen Stadtpark El Retiro an der Ostseite aus. Jenseits der Ringstraßen, im Faltplan gelb markiert, die diese Altstadt umschließen, liegen die ab dem 19. Jh. entstandenen Stadtteile. Als Nord-Südachse durchschneidet der Straßenzug Paseo del Prado-Paseo de Recoletos-Paseo de la Castellana die Stadt, während die Calle de Alcalá aus dem Zentrum Richtung Osten führt.

Authentische Altstadtviertel

Unregelmäßige schmale Gassen, eine Vielzahl an Plätzen, von denen keiner dem anderen gleicht, alte Häuser mit dem Charme einer vorbürgerlichen Zeit: Bei den Madrider Altstadt-Barrios handelt es sich um gewachsene Strukturen mit fast dörflichem Charakter. Es sind die alten Viertel der kleinen Leute, in denen die *vecinos*, die Nachbarschaften, noch eine identitätsstiftende Funktion haben. Die Viertelnamen entsprechen nicht den heutigen Verwaltungsbezirken (s. Stadtplan). **Malasaña** und **Chueca** (Bezirke Centro, Universidad und Justicia) liegen im Norden, der **Barrio de los Austrias** und **Huertas** (Sol, Cortes) in der Mitte und **Lavapiés** (Embajadores) im Süden. Diese *barrios* zwischen Schloss und Kunstmeile **Paseo del Prado** erläuft man sich am besten zu Fuß.

Weltstadt Madrid

In die regelmäßig angelegten neueren Viertel zog es seit Beginn des 20. Jh. die besser Betuchten. Besonders **Salamanca** mit seinen schmucken, mehrstöckigen Bürgerhäusern und den schmiedeeisernen Balkonen repräsentiert das Madrid des späten 19. und beginnenden 20. Jh. Aus derselben Zeit stammen die Gebäude der **Calle de Alcalá** und die **Gran Vía.** Wo sich die beiden Straßenzüge gabeln, steht wahrzeichenhaft ein Bau, an dem in großen Lettern zu lesen ist, was die Architekten und Financiers hier schaffen wollten: Metrópolis.

Paseo del Arte

Kunstmeile – der Paseo del Prado mit dem Prado- und Thyssen-Museum sowie dem Centro de Arte Reina Sofía hat diesen Namen wirklich verdient. In kaum einer anderen Stadt Europas gibt es ein vergleichbares Konzentrat an so großer Kunst auf so kleinem Raum, und alle drei Museen werden zur Zeit erweitert. Daneben lohnen auch Privatsammlungen, wie das Museo Cerralbo einen Besuch. Kunst am Ort ihrer Entstehung bieten das Panteón de Goya und die Habsburgerklöster.

Sehenswert

Stadtviertel – Barrios

Barrio de los Austrias (C/D 5/6)

Im ›Viertel der Habsburger‹ ist die arkadengesäumte **Plaza Mayor** der architektonische Höhepunkt. Mit den umliegenden Gassen voller alter Geschäfte und Tavernen zählt sie zum touristischen Pflichtprogramm. Im Süden zeichnen die Parallelstraßen Cava Baja und Cava Alta den Verlauf des ehemaligen Stadtgrabens nach. Reizvoll ist die **Cava Baja** mit ihren ehemaligen *posadas*, Herbergen des 18./19. Jh., durch deren große Tore die Kaufleute mit Pferdedroschken in die Innenhöfe einfuhren. Im Gassengewirr der Talsenke unterhalb der Calle Bailén befand sich die Morería, der maurische Siedlungskern Madrids. Im Westen reicht das Habsburgerviertel bis zum **Königspalast**, im Norden bis zu den **Habsburgerklöstern** Encarnación und Descalzas Reales. Zu den ältesten Kirchen Madrids gehören die kleinen, versteckt liegenden Gotteshäuser San Pedro el Viejo und San Nicolás.

Chueca (E/F 4/5)

Die Gegend um die **Plaza de Chueca** (E 4, Metrostation) gilt seit vielen Jahren als Viertel der Gays. Das typische Wohnquartier des 19. Jh. strahlt eine

Spaziergang im Barrio de los Austrias

Wer Madrids Altstadtkern mit seinen architektonischen Highlights aus der Ära der Habsburger Könige (16./17. Jh.) kennen lernen möchte, kann sich geführten Rundgängen anschließen, die jeden Samstag an der Touristeninformation auf der Plaza Mayor starten (s. S. 25). Ebensogut lässt sich das Viertel auf eigene Faust erschließen.

Beginnen Sie auf der **Plaza Mayor** und nehmen Sie sich die Zeit, etwa in einem der Terrassencafés (teuer!), die ganze Harmonie der Anlage mit ihren Laubengängen zu studieren. Verlässt man den Platz durch den Torbogen an der Nordwestseite, so gelangt man nach links in den abschüssigen Straßenzug **Cava de San Miguel** und **Calle de Cuchilleros** mit malerischen Hausfassaden. Ihre Verlängerung bildet die **Cava Baja**, in der sich die Restaurants aneinander reihen (s. oben und S. 46) und die in einem Ensemble mehrerer Plätze mündet. Von der **Casa Museo de San Isidro** mit ihren Erinnerungen an das mittelalterliche Leben in der Stadt sind es nur ein paar Schritte zur **Iglesia de San Pedro** mit einem Glockenturm aus dem 14. Jh. (s. S. 115). Dann überquert man die Calle Segovia, nimmt eine der Verbindungsgassen zur Calle del Sacramento und steigt durch die Gässchen Cordón oder Puñonrostro zur **Plaza de la Villa** hinauf, dem Rathausplatz mit einem Ensemble der Habsburgerarchitektur (s. S. 94). Die älteste Kirche Madrids, **San Nicolás** mit einem Mudéjarturm aus dem 12. Jh., ist die nächste Station, bevor man via Plaza de Ramales die Plaza de Oriente mit dem Schloss ansteuert, das nach einem Brand unter den Boubonen erneuert wurde. Ein Relikt der Habsburgerzeit ist das nahe **Monasterio de la Encarnación**, dessen Besichtigung ebenso spannend ist wie die des **Monasterio de las Descalzas Reales** (s. S. 89f.), das man durch die Calle de Arrieta, über die Plaza Isabel II und durch die Calle de la Priora erreicht.

Sehenswert

Sehenswert

gewisse Gemütlichkeit aus. Neben kleinen Läden buhlen zahllose Cafés, Tavernen und Restaurants, die Chueca einen festen Platz als Ausgehviertel gesichert haben, um Kunden. Sehenswert sind der modernistische Prachtbau **Palacio Longoria** (E 4), Sitz des spanischen Schriftstellerverbandes, und das **Museo Municipal** (E 3/4, Stadtmuseum) in einem Hospiz des 17. Jh. mit prächtigem barockem Portal. Zum Modebummel verführt die **Calle de Almirante** (s. S. 57).

Huertas (E 6 – F 6/7)

Madrids Literatenviertel: Zwischen Carrera de San Jerónimo und Calle de Atocha wohnten im Goldenen Zeitalter Spaniens große Dichter: Cervantes, Lope de Vega, Tirso de Molina oder Francisco de Quevedo. Straßennanmen erinnern an sie, aber auch Theater und das **Wohnhaus des Dichters Lope de Vega** (s. S. 97). Besucher werden sich in den alten Literatur-Cafés und Tavernen (s. S. 63) wohlfühlen. Ein Treffpunkt der Nachtschwärmer ist die **Plaza de Santa Ana** mit zahlreichen *cervecerías,* von der man in die umliegenden Gassen ausschwärmen kann.

Lavapiés (D/E 7/8)

Rund um die Plaza de Lavapiés (Metrostation), den ›Fußwäscherplatz‹, lebten einst die Juden der Stadt, bis die Inquisition ihnen wie allen Andersgläubigen im 16.–18. Jh. den Garaus machte. Lavapiés, bodenständig, einfach, ursprünglich, verfügt über viel alte Bausubstanz. Restauriert hat man einige **Corralas** (D/E 7), Wohnanlagen rund um einen gemeinsamen Hof *(patio)* mit umlaufenden Galerien. Heute ist Lavapiés ein Einwanderungsviertel. Marokkaner, Schwarzafrikaner, Latinos und Asiaten prägen die Multikulti-Szene, die früheren Tante-Emma-Läden sind fest in ausländischer Hand. Basaratmosphäre prägt v. a. die Straßen Mesón de Paredes und Amparo. Schön sitzt man auf den breiten Bürgersteigen der **Calle de Argumosa** mit ihren zahlreichen Cafés, Bars, Tavernen. Am Rande des Viertels findet jeden Sonntagmorgen der **Rastro** statt (s. S. 55).

Malasaña (D 3/4)

An Manuela Malasaña, die Widerstandskämpferin gegen Napoleons Soldaten, erinnert der Name des Viertels, und die **Plaza del Dos de Mayo** (Platz des 2. Mai) mit einem Denkmal des Widerstands verewigt das Datum des Volksaufstands von 1808 im Gedächtnis der Madrilenen. Das jährliche Erinnerungsfest am 2. Mai wird hier besonders ausgelassen gefeiert. Wie Chueca ist Malasaña ein Wohnviertel des 19. Jh. und das von Jugendlichen bevorzugte Szeneviertel. Viele Abendtreffs liegen in den Straßen San Andrés, Divino Pastor, Velarde, San Vicente Ferrer und La Palma.

Salamanca (G–J 1–4)

Der Graf von Salamanca plante, konzipierte und finanzierte dieses Nobelviertel ab Mitte des 19. Jh. – und war dann pleite. Das geradlinige Straßennetz und Wohnblocks mit bürgerlicher Vorzeigearchitektur entsprachen den gehobenen Wohnbedürfnissen von Adel und Bourgeoisie. Lässt die enge Altstadt kaum Platz für Bürgersteige, so wirkt Salamanca luftig und großzügig. Als Milla de Oro (s. S. 58) bezeichnet man die **Calle de Serrano:** wegen der Konzentration an Haute Couturiers und spanischen Modedesignern.

Malerischer Altstadtzug unterhalb der Plaza Mayor: Cava de San Miguel

Sehenswert

Tipps für Wochenendtrips

Madrid für Romantiker: Beginnen Sie den Tag im Café de Oriente auf der gleichnamigen Plaza, möglichst draußen, und blicken Sie über das Platzgrün auf die Fassade des Schlosses. Dann geht es zur Plaza Mayor, um in den umliegenden Gassen in alten Läden zu stöbern. Der Stadtpark Retiro ist das Richtige für einen Nachmittagsspaziergang und ein Picknick im Grünen. Am Sonntag geht man zum Rasto. (S. auch Tour 5, S. 116)

Szene-Madrid: Lavapiés, Chueca, Malasaña. Einen guten Start in den Tag garantieren die *churros* der Bar Esma an der Plaza de Lavapiés. In Chueca verführen die flippigen Läden der Calle Fuencarral zum Geldausgeben. Am frühen Abend begibt man sich in die Lokale rund um die Plaza del Dos de Mayo in Malasaña und wechselt gegen Mitternacht in eine Disco-Bar, um zu Salsa-Rhythmen zu tanzen (s. S. 64ff.). Gegen Morgen beschließt man die Nacht mit einem stärkenden Kakao in der Chocolatería de San Ginés (S. 66).

Madrid für Leseratten: Der Tag beginnt in einem Literatencafé, im Gijón, Espejo oder dem Café des Círculo de Bellas Artes. Ein Spaziergang durch das Literatenviertel – Plaza de Santa Ana und Calle Huertas mit Dichterzitaten im Pflaster – und ein Besuch der Casa Museo de Lope de Vega stehen dann auf dem Programm. Sowie ein Abstecher zur Plaza de España mit dem Cervantes-Denkmal. Den Abend beschließt man mit einer Runde durch die alten Tavernen, in die es bereits die Dichter zog (s. Tour 2, S. 110).

Madrid für Kunst-Liebhaber: Wer die Wahl, hat die Qual; die Kunst ist in Madrid ein geradezu erschlagendes Thema. Auch für einen Schnelldurchgang braucht man im Thyssen-Museum 2–3 Std. Im Centro de Arte Reina Sofía noch einmal 2 Std., wenn man sich auf die großen spanischen Maler beschränkt. Der Prado ist ohnehin nur mit Schwerpunktsetzungen zu verkraften. Keinesfalls auslassen sollte man das Monasterio de las Descalzas Reales und das Panteón de Goya. Wie wärs am Abend mit Jazz im Café Central oder Flamenco im La Soleá (s. S. 74)?

Gebäude, Straßen & Plätze

Basílica de San Francisco el Grande (B/C 7)

Plaza San Francisco
Museum Di–Sa (außer feiertags) 11–12.30, 16–18.15, im Sommer nachmittags 17–19.15 Uhr
Metro: La Latina, Puerta de Toledo

Der hl. Franz von Assissi soll in der Klause gewohnt haben, deren Stelle seit 1774 die von mehreren Kuppeln bekrönte Franziskuskirche einnimmt. Sie gehört zu den bedeutenden klassizistischen Bauwerken, die Karl III. an den Ringstraßen rund um die Altstadt anlegen ließ. Einer der Lieblingsarchitekten des Königs, der Neapolitaner Sabatini, errichtete die Kirche ganz nach italienischen Vorbildern: Hinter der gewölbten Granitfassade öffnet sich ein Raum, der von einer Riesenkuppel mit 33 m Durchmesser bekrönt wird und den sechs ebenfalls überkuppelte Seitenkapellen rahmen. Das Kirchenmuseum hütet einen großen Gemäldeschatz; Bilder von Zurbarán, Sánchez Coello, Giordano und Carducho, und in der ersten Kapelle links findet sich ein Werk von Goya, »Die Predigt des hl. Bernhardin«.

Sehenswert

Highlight

Calle de Alcalá (E 5 – M 2)
Metro: Sol
Dieser ›Bankenboulevard‹ besticht mit seinen Prunkfassaden der Belle Epoque. Aus dem Zentrum Madrids führt die Straße über die brunnengeschmückte **Plaza de la Cibeles** (s. S. 93) hinweg stadtauswärts Richtung Alcalá de Henares – am Triumphbogen **Puerta de Alcalá**, den Karl III. 1778 errichten ließ, und an der Madrider Stierkampfarena vorbei. Zwischen Puerta del Sol und Plaza de Cibeles bilden Bankgebäude eine beeindruckende Fassadenphalanx mit Erkern, Türmchen und prunkvollen Figurenkompositionen auf den Dächern. Man beachte die 1769 errichtete Casa de la Aduana mit Barockportal (Nr. 5–11), damals Zollhaus, die **Real Academia de Bellas Artes de San Fernando** mit einer großartigen Kunstsammlung (s. S. 102) sowie den **Círculo de Bellas Artes** (E/F 5) mit schönem Café (s. S. 40). Schräg gegenüber steht das Metrópolis (s. Gran Vía).

Catedral de Nuestra Señora de la Almudena (B/C 6)
Eingang an der Calle Bailén
tgl. 9–21, Krypta 10–20 Uhr
Metro: Ópera
Architektur und Materialien der Kathedrale, einem Zentrum katholischer Macht, harmonieren mit dem benachbarten Königspalast als Zentrum weltlicher Macht. Das erst 1993 fertig gestellte Gotteshaus wurde von Papst Johannes Paul II. eingeweiht. Im hellen, neugotisch akzentuierten Innenraum, der recht eklektizistisch wirkt, fallen einige große historische Kunstwerke auf: das Retabel der Virgen de la Almudena, der Stadtpatronin Madrids (16. Jh.), der gotische Sarkophag des Stadtpatrons San Isidro (13. Jh.), ein 20-teiliges Retabel von Pedro Berruguete und der Gekreuzigte im Altarraum von Juan de Mesa (1621). Die mehrschiffige Krypta unter der Kirche (Eingang an der Cuesta de la Vega) birgt zahlreiche Grablegen und Privatkapellen adeliger und wohlhabender Madrider Bürger. S. auch Tour 4, S. 114.

Colegiata de San Isidro (D 6)
Calle de Toledo
Ca. 8–13 (So 9–14) und 18–20 Uhr
Metro: La Latina, Tirso de Molina
Das Vorbild des vom Jesuitenorden initiierten, jedoch von Doña María de Austria, Schwester Philipps II., finanzierten Gotteshauses war Il Gesú in Rom. 1664 war der einschiffige Barockbau mit tiefen Seitenkapellen und palastartiger Fassade fertig gestellt. Er übernahm lange Zeit provisorisch die Funktion einer Kathedrale (s.o.). Die dem Stadtpatron geweihte Stiftskirche birgt dessen Gebeine in einer Silberurne am Hauptaltar (s. Tour 4, S. 115).

Congreso de los Diputados (E/F 5/6)
Carrera de San Jerónimo
Führungen Sa außer feiertags 10.30–12.30, im Juli/Aug. geschl., Personalausweis mitbringen
Metro: Banco de España, Sevilla
Das neoklassizistische Parlamentsgebäude, mittlerweile um einen modernen Anbau erweitert, wurde Mitte des 19. Jh. errichtet. Zwei Löwen, aus eingeschmolzenen Kanonen gegossen, flankieren den Eingang, dessen reliefgeschmückter Frontispiz an die Bauweise römischer Tempel erinnert. In diesem Haus tagen die spanischen Abgeordneten und entscheiden über die Politik der Regierung.

Sehenswert

Gran Vía (E 5–C 4)
Metro: Gran Vía

Schmucke Fassaden säumen den Boulevard, der die Calle de Alcalá mit der Plaza de España (s. S. 95) verbindet. Die großstädtische Flanier- und Geschäftsmeile wurde ab 1910 quer durch das Gestrüpp der Altstadtgassen angelegt. Wie ein Wahrzeichen erheben sich am Eingang die Rundtürme des Versicherungsgebäudes **Edificio Metrópolis,** das eine Viktoria-Statue bekrönt, und des Edificio Grassy. Der untere und ältere Abschnitt der Gran Vía erinnert mit seinen schmucken Bürgerpalästen durchaus an Pariser Vorbilder. Je weiter man sich der Plaza de España nähert, um so häufiger kommen in der Architektur auch amerikanische Vorbilder zum Zuge, etwa bei der **Telefónica** (Nr. 28), dem Gebäude der Telefongesellschaft. Die handgemalten überdimensionalen Kinoplakate an der Plaza de Callao sind bis heute ein Emblem der ›Großen Straße‹ Madrids, die sich als bunte Mischung von vornehmen Geschäften und Kettenläden, Hotels und Pensionen, Cafés und Fast-Food-Läden, Bürogebäuden und Spielhöllen präsentiert.

Iglesia de las Salesas Reales (F 4)
Calle Bárbara de Braganza
Mo–Sa 11–14, 15–21, So, feiertags 10–14, 16–21 Uhr, Metro: Colón

Bárbara de Bragança, die aus Portugal stammende Gattin Ferdinands VI., ließ die Kirche 1749–58 errichten. Der spät-

Sehenswert

Blick von der Plaza de Cibeles in die Calle de Alcalá und auf das Edificio Metrópolis

Die Kirche, auch schlicht Iglesia de los Jerónimos genannt, ist das Relikt eines Hieronymitenklosters, das hier ab 1503 existierte. Im 19. Jh. wurde es aufgelöst. Im Gotteshaus – daher der Beiname ›Königlich‹ – schworen bereits die kastilischen Könige, die Rechte der Cortes, einer Art mittelalterlichen Parlaments, zu respektieren. 1975, nach Francos Tod, wurde in San Jerónimo die Thronerhebung von Juan Carlos I. feierlich begangen. Anfang 2001 trug man die Reste des alten Kreuzgangs neben der Kirche ab. Sie werden in den Erweiterungsbau des Prado integriert, der hier entsteht (s. S. 101).

barocke, palastartige Bau am Rande des Viertels Chueca ist innen verschwenderisch dekoriert, u.a. mit Fresken der Brüder González Velázquez. Er birgt die Grabmale des Königspaars, während die übrigen Bourbonenherrscher im Escorial begraben sind (s. S. 105). Ferdinand VI. ruht in einem Porphyr-Marmor-Sarg von Architekt Sabatini und Bildhauer Francisco Gutiérrez, seine Gemahlin erhielt ein Rokokograb.

Iglesia de San Jerónimo el Real (F 6)
Ruiz de Alarcón s/n, Mo–Sa 8–13.30, 17– 20.30, So/feiertags 9–14.30, Okt.–Juni Mo–Sa 10–13, 17–20.30, So 9.30–14.30, 17–20.30 Uhr
Metro: Banco de España, Retiro

Monasterio de la Encarnación (C 5)
Plaza de la Encarnación 1
www.patrimonionacional.es
Führungen unter Leitung des Denkmalschutzamtes Di, Mi, Do, Sa 10.30–12.45, 16–17.45, Fr 10.30–12.45, So/feiertags 11–13.45 Uhr, 3,60 €, Kombiticket mit dem Descalzas-Kloster 6 €, Mi gratis, Metro: Ópera
Margarete von Österreich, Gattin Philipps III., gründete das Kloster in der Nähe des Königspalastes. Architekt Juan Gómez de Mora schuf einen typischen Bau im Habsburger Stil. 1616 wurde der nun von Augustinerinnen bewirtschaftete Konvent eingeweiht. Es waren v. a. Frauen von adeliger Herkunft oder Verwandte des Königshauses, die hier ›unterkamen‹. Entsprechend großzügig fielen die Zuwendungen aus, wie die Fülle an religiösen Kunstwerken zeigt. Die Sala de Pinturas und die Sala de las Esculturas beherbergen die umfangreiche Gemälde- und Skulpturensammlung des Klosters,

Sehenswert

in der Sala de los Reyes sind Porträts der Habsburger ausgestellt. Regelrecht kurios ist der Reliquiensaal, in dem Tausende Reliquien verwahrt werden: Knöchelchen und Stofffetzen, Holzstückchen und eine Ampulle mit einem Blutstropfen von San Pantaleón.

Highlight

Monasterio de las Descalzas Reales (F 4)5)

Plaza de las Descalzas 3
www.patrimonionacional.es
Führungen unter Leitung des Denkmalschutzamtes Di, Mi, Do, Sa 10.30–12.45, 16–17.45, Fr 10.30–12.45, So 11–13.45 Uhr, 5 €, Kombiticket mit dem Encarnación-Kloster 6 €, Mi gratis,
Metro: Sol, Ópera und Callao
Doña Juana, Tochter Karls V., gründete 1554 das Habsburgerkloster in dem Renaissancepalast, in dem sie selbst geboren wurde und in dem sie auch ihre letzte Ruhestätte fand. Das nun von Klarissinnen bewohnte Kloster ist prunkvoll mit Fresken und Gobelins ausgestattet und besitzt rund 400 Gemälde, darunter zahlreiche Porträts der Habsburger Herrscherfamilie, und steht unter Denkmalschutz. Allein das Treppenhaus mit seinen Fresken und Trompe l'œil-Gemälden aus dem 17. Jh. ist eine Wucht. Die Kapellen der Nonnen voller religiöser Kunst rund um die obere Galerie, der Salón de Tapices mit Wandteppichen des 17. Jh. nach Vorlagen von Rubens, die Gemälde von Pieter Brueghel d. Ä., Caravaggio, Rubens und Tizian, von Zurbarán und Sánchez Coello und die Grabmale von Doña Juana wie der Kaiserin Maria von Österreich machen aus dem Descalzas-Kloster ein wahrhaftiges Museum.

Highlight

Palacio Real (B/C 5)

Bailén s/n, www.patrimonionacional.es
Okt.–März 9.30–17, So, feiertags 9–14, April–Sept. 9–18, So, feiertags 9–15 Uhr, außer 24./25.12, 1.1., 6. 1., 1.5., 15.5., 9. 11;
7 €, mit Führung von ca. 45 Min. Dauer 8 €, Mi gratis
Metro: Ópera
Der erste Bourbonenkönig in Spanien, Philipp V., ließ das Königsschloss errichten, nachdem der Vorgängerbau 1734 einem Brand zum Opfer gefallen war. 1764 war der Bau beendet. Das Werk des Madrid-Architekten Ventura Rodríguez zeigt das Grundmuster eines typisch spanischen Alcázars: Eine Vierflügelanlage aus Granit und Kalkstein, rund 500 m lang und breit, rund um einen quadratischen Innenhof, mit einem Waffenhof vor dem Haupteingang. Der spanische König empfängt hier Staatsgäste, wohnt jedoch im Palacio de la Zarzuela am Stadtrand.

Im Palast prunkt über der zweiläufigen **Treppe** ein Deckenfresko von Conrado Giaquinto, während Tiépolo, der das Treppenhaus der Würzburger Residenz ausmalte, den **Salón de Alabarderos** mit dem Fresko ›Apotheose des Äneas‹ schmückte. Durch den **Salón de Columnas** mit Brüsseler Gobelins gelangt man in den repräsentativen Thronsaal. Hier stehen die Thronsessel des Königspaars, darüber repräsentiert das Deckenfresko von Tiépolo die ›Größe der spanischen Monarchie‹.

Die drei **Säle Karls III.** oder Gasparini-Säle enthalten Fresken des Böhmen Anton Raphael Mengs, Ölgemälde von Luca Giordano und Francisco de Goya sowie Rokoko-Stuckaturen des Neapolitaners Gasparini. Dann folgen der Sa-

Sehenswert

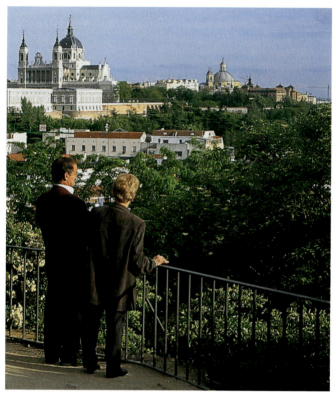

Madrid Monumental: Das Ensemble von Königsschoss und Kathedrale

lon Karls III., der Porzellansaal, das Arbeitszimmer Karls III., der mit Gobelins, Fresken, Lüstern und Kandelabern geschmückte **Speisesaal** und die königlichen Sammlungen, schließlich die Schlosskapelle von Ventura Rodríguez, der Billard- und Rauchsalon sowie die Gemächer Marie Louise von Parmas.

Die königliche Waffensammlung und das Apothekenmuseum sind in den Seitenflügeln des Waffenhofes untergebracht. Die **Real Armería** beeindruckt mit ihrer Sammlung mittelalterlicher und neuzeitlicher Waffen, mit Lanzen, Ritterrüstungen und Metallpanzern für die Pferde aus dem Erbe Karls V. und seines Sohns Philipp II. Die **Real Farmacia** birgt Tigel und Töpfchen, in denen Kräuter und andere Heilmittel aufbewahrt wurden, sowie Destillierkolben zur Herstellung von Arzneien für das Königshaus.

Panteón de Goya (A 4)

Glorieta de San Antonio de la Florida 5, Di–Fr 10–14, 16–20, Sa, So 10–14 Uhr, Metro: Príncipe Pío

Francisco de Goya y Lucientes, Hofmaler unter Karl IV., ein Künstlergenie, das als Wegweiser für die Kunst der Moderne gilt, malte diese Einsiedelei des hl. Antonius 1798 vollständig mit Fres-

Sehenswert

> ### Plätze mit Aussicht – auf Königsschloss und Kathedrale
>
> Die schöne Schaufassade des Schlosses zeigt zur Plaza de Oriente mit ihren gepflegten Grünanlagen. Von der Terrasse des **Café de Oriente,** gleich neben dem Teatro Real, dem Königlichen Opernhaus, gelegen, hat man sie bei Kaffee und Kuchen oder einem günstigen Mittagsmenü im Blick. Südlich des Schlosses erreicht man über die Calle de Bailén jenseits des Viadukts über der Calle de Segovia rechter Hand die Lokalterrasen von **Las Vistillas** – mit Tischen unter schattigen Bäumen, von denen man auf die Kuppeln der Kathedrale schaut.
> Zwischen Königspalast und Manzanares-Fluss liegt der **Campo del Moro** (Maurenlager), auf dem einst maurische Truppen gelagert haben sollen, als sie Madrid erobern wollten. Heute bezeichnet der Name die schönen Schlossgärten auf dem zum Fluss abfallenden Gelände, die zu Spaziergängen im Grünen einladen, während man mit den Augen die rückwärtige Palastfassade studieren kann (Eingang am Paseo de la Virgen del Puerto, tgl. 10–18, im Sommer bis 20 Uhr).

ken aus. Volkstümliche Figuren, Madrider Volk in den Trachten der Zeit, wie sie auch in Goyas Vorlagen für Wandteppiche zu sehen sind (s. S. 100), schaut von der Decke herab. 1919 wurde die Kapelle in ein Pantheon für Goya umgewidmet; die Verehrung des hl. Antonius, der die Einsiedelei zuvor gewidmet war, findet seitdem nebenan in einem eigens errichteten Zwillingsbau statt. Der große Maler starb 1828 im Exil in Bordeaux. 1919 überführte man den Leichnam nach Madrid, allerdings ohne Kopf. Ein französischer Forscher soll ihn zu Studienzwecken entwendet haben.

Paseo del Prado (F 5–7)
Metro: Atocha
Vom Jugendstilbahnhof **Estación de Atocha** (F 8), einer Ziegelsteinröhre mit schmucker Fassade aus Gusseisen und Glas, jetzt ein tropisches Gewächshaus mit Restaurants und Diskotheken drumherum, bis zur schönen Plaza de Cibeles (s. S. 93) reicht dieser breite und elegante Stadtboulevard mit seinen wunderschönen Brunnenanlagen. Der mittlere Grünstreifen lädt zum Flanieren im Schatten hochgewachsener Bäume ein. Als Meile der Kunst, als Paseo del Arte, genießt der Straßenzug weltweiten Ruhm: Die **Museen** Centro de Arte Reina Sofía, Prado sowie Thyssen-Bornemisza haben hier ihren Sitz (s. S. 99ff.). An der zentralen Plaza de Cánovas del Castillo mit dem Neptunbrunnen liegen die beiden exklusivsten Hotels der Stadt: an der Ostseite das legendäre **Ritz,** 1910 von König Alfons XIII. eingeweiht, und an der Westseite das **Palace,** sozusagen das bürgerliche Pendent zum königlichen Ritz. Fassaden im Stil der Belle Epoque zieren beide Häuser.

Paseo de Recoletos (F 5 – G 4)
Metro: Banco
Die Verlängerung des Paseo del Prado ist eine der wichtigsten Adressen der Madrider Kaffeehauskultur: Das **Café Gijón**, ein alter Literatentreff, wie das **Café del Espejo** verfügen über eine Außenterrasse auf der Flanierzone. Gegenüber befindet sich die sehens-

Sehenswert

werte **Nationalbibliothek** (Biblioteca Nacional), die Ende des 19. Jh. errichtet wurde. Ihren Eingang schmücken die Skulpturen weiser Männer, wie Alfons des Weisen, Lope de Vega und Miguel de Cervantes. Den Grundstock der Sammlung an Schriftgut und Büchern bildet die 1712 von Philipp V. gegründete Königliche Bibliothek. Im Museo del Libro sind wertvolle historische Schriftzeugnisse ausgestellt.

Plaza de la Cibeles (F 5)
Metro: Banco de España
Der Platz bildet die Nahtstelle von Paseo del Prado und Paseo de Recoletos und die Kreuzung mit der Ost-West-Achse Calle de Alcalá. Entsprechend hoch ist das Verkehrsaufkommen. Als Insel in den anrollenden Wellen der Pkws, die durch den Rhythmus der Ampeln dirigiert werden, behauptet sich ein Wahrzeichen Madrids: der aufwändig gestaltete Kybele-Brunnen, die **Fuente de la Cibeles** aus dem 18. Jh. Dies ist der schönste aller Brunnen und Wasserspiele, die ein Merkmal der Madrider Stadtarchitektur sind (s. Tour 3, S. 112). Prunkbauten rahmen den Platz: Das Gebäude der **Bank von Spanien** wurde Ende des 19.Jh. errichtet; der **Palacio de Buenavista,** ein Adelspalast von 1777, der fast versteckt in einem großen Garten liegt, ist jetzt Sitz des Heereshauptquartiers; das Madrider (Latein-)Amerikahaus **Casa de América** nimmt einen Palast aus der zweiten Häfte des 18. Jh. ein, und das 1917 eröffnete **Post- und Telegrafenamt** imponiert durch Größe und Zuckerbäckerstil. Mit ironischem Unterton nannten die Madrilenen das Haus früher Nuestra Señora de la Comunicación (Unsere Liebe Frau der Kommuni-

Im Bus 27 die Castellana hoch

Der Paseo de la Castellana ist die Verlängerung der Stadtachse Paseo del Prado – Paseo de Recoletos nach Norden. Mit dem Bus 27, der die gesamte Stadtachse befährt, kann man den zwölfspurigen Boulevard bis zur Plaza de Castilla hochfahren und dann zurückkehren oder an beliebigen Haltestellen aussteigen. Man beachte besonders die folgenden Sehenswürdigkeiten, die einen Stop lohnen:
Museo de Escultura al Aire Libre (G 2): Beispiele moderner spanischer Skulpturenkunst unter einer Straßenbrücke. Plastiken von Eduardo Chillida, Joan Miró, Alberto Sánchez, Pablo Serrano und Julio González.
Museo Nacional de Ciencias Naturales (direkt oberhalb G 1): Die Hauptattraktion der naturhistorischen Sammlung sind die Dinosaurierskelette (José Gutiérrez Abascal 2, www.mncn.csic.es, Di–Fr 10–18, Sa 10–20, So 10–14.30 Uhr, 2,40 €).
Torre Picasso: Ein 157 m hohes Bürogebäude für 4500 Angestellte, das der Architekt des 2001 zerstörten New Yorker World Trade Center errichtet hat.
Estadio de Santiago Bernabeu: Das Fußballstadion des Clubs Real Madrid zieht an Wochenenden die Fans an.
Puerta de Europa: Die auch Torres KIO genannten futuristisch-schiefen Türme neigen sich über der Plaza de Castilla einander zu und markieren als ›Europator‹ das Ende des Paseo de la Castellana.

Sehenswert

Plaza de España mit dem Cervantes-Denkmal

kation), denn das Gebäude hatte für sie mit seinen Türmchen und der Protzarchitektur die Dimension einer Kathedrale. Nun hat die Stadt das Haus gekauft, es soll der neue Sitz des Rathauses werden.

Plaza de Colón/Jardines del Decubrimiento (F/G 4)
Metro: Colón
Hinter der rauschenden Wasserkaskade an der Plaza de Colón verbirgt sich das städtische Kulturzentrum **Centro Cultural de la Villa**. Darüber thront der namengebende **Christoph Kolumbus** auf einem feinziselierten, neogotischen Sockel von 1885. Hinter ihm erstrecken sich die sogenannten Entdeckungsgärten: Die 1992 aufgestellten riesigen Steinblöcke an der Calle Serrano, vom spanischen Künstler Joaquín Vaquero Turcios, symbolisieren die drei Schiffe, mit denen Kolumbus nach Amerika segelte. Die eingemeißelten Reliefs und Inschriften erzählen von der Entdeckungsgeschichte. Unter dem Platz liegt der Bahnhof der Flughafenbusse.

Sehenswert

Plaza de España (C 4)
Metro: Plaza de España
Die Gran Vía mündet in die Plaza de España, eine – im Vergleich mit anderen Stadtplätzen – großzügige Grünfläche mit Blumenrabatten, Sträuchern und Bäumchen. Die Bänke und Spazierwege sind gegen Abend Treffpunkt von Müttern mit Kindern, jungen Paaren und Alten. Am kleinen See ehrt ein Denkmal Spaniens berühmten Dichter Miguel de Cervantes, der im Madrider Literatenviertel lebte. Größe und Gestaltung des Monuments stehen im Einklang mit der Bedeutung der dichterischen Leistung. Mit ihrer klaren, durchgeplanten Platzgestaltung und der Architektur der angrenzenden Gebäude markiert die Plaza de España deutlich das neue Madrid jenseits der Altstadtviertel, die sich nach Süden erstrecken, während sich im Norden das geordnete Argüelles-Viertel mit dem Parque del Oeste anschließt. Zwei stolze 1950er-Jahre-Bauten streben hier in die Höhe, der Edificio de España und die Torre de Madrid (s. Tour 1, S. 109).

Plaza de la Villa (C 6)
Metro: Sol
Zur Calle Mayor, der Hauptstraße des alten Madrid, öffnet sich der an drei Seiten bebaute Rathausplatz. Seine repräsentative Funktion betonen die gepflegten Blumenbeete rund um das zentrale Denkmal für Don Álvaro de Bazán, den Flottenkommandanten Philipps II. Die Gebäude repräsentieren den Architekturstil der Habsburgerzeit: Typisch dafür sind die Kombination von Ziegelmauerwerk und Bruchsteinen oder großen Granitquadern, die am Sockel, tragenden Wandteilen, Gebäudeecken sowie an Fenster- und Türrahmen verbaut wurden, typisch sind auch Türme mit spitzen Helmen und Gauben – nach dem Vorbild des Escorial (s. S. 105) – sowie üppige, barock verzierte Portale. Am ältesten sind die **Torre und Casa de los Lujanes** an der linken Seite. Der Turm vom Beginn des 15. Jh. besitzt ein hufeisenförmiges Portal, am spätgotischen Portal des 1537 errichteten Adelshauses der Lujanes prangt das Familienwappen. In der **Casa de Cisneros,** benannt nach jenem berühmt-berüchtigten Kardinal, der Beichtvater der Katholischen Königin war, sitzen Bürgermeister und Stadtverwaltung. Das **Rathaus,** 1586–1696 nach Plänen von Juan Gómez de Mora errichtet, der auch die nahe Plaza Mayor prägte, lohnt auch wegen der Innenausstattung und einigen auserlesenen Kunstwerken einen Besuch. Besichtigung von Rathaus und Casa de Cisneros Mo um 17 Uhr nach Voranmeldung unter Tel. 915 88 29 07, Führung in Spanisch und Englisch. S. auch Tour 1, S. 109).

Highlight

Plaza Mayor (D 6)
Einer der schönsten Stadtplätze Spaniens, für viele der schönste nach der Plaza Mayor von Salamanca. Es handelt sich um ein geschlossenes Rechteck von 120 x 100 m, in das neun Torbögen führen, drei davon stellen die Verbindung zur Calle Mayor her. In dem harmonischen, dreistöckigen Häusercarrée mit Laubengängen und einem Fassadenanstrich in erdigem Rot fallen die mit Türmen versehenen **Casa de la Carnicería** (mit einer Touristeninformation) und **Casa de la Panadería** auf (das historische ›Fleischerhaus‹ und das ›Bäckerhaus‹). Der barock anmutende Freskenschmuck der Casa de la Panadería geht auf eine Erneuerung der

Sehenswert

Fassade im Jahr 1992 zurück. Hoch zu Ross thront in der Platzmitte der Habsburger Philipp III., der die Anlage in Auftrag gab. Madrid-Architekt Juan Gómez de Mora schuf sie 1617–19 nach Entwürfen des Escorial-Architekten (s. S. 105), doch wurde sie 1790 nach mehreren Bränden erneuert. S. Tour 1, S 108.

Puerta del Sol (D/E 5/6)
Metro: Sol
Einst stand hier ein Stadttor, das namengebende Sonnentor, das zusammen mit der mittelalterlichen Stadtmauer abgerissen wurde. Im 19. Jh. lief die Puerta del Sol dem historischen Hauptplatz der Stadt, der älteren Plaza Mayor, den Rang ab und entwickelte sich zu einem Zentrum des Soziallebens und des kulturellen Geschehens. Heute markiert der Platz das geschäftige Zentrum der Altstadtviertel und der gesamten Metropole. Aus den Metroschächten strömen täglich Hunderttausende Menschen nach oben und verteilen sich in den umliegenden Einkaufsstraßen. Die einheitliche Architektur der Häuser und das einheitliche Cremegelb der Fassaden vermitteln das Bild einer harmonischen Anlage, aus der die ältere **Casa de Correos** mit ihrem Uhrturm, einst das Postgebäude, heraussticht. S. Tour 1, S. 108.

Stierkampfarena (L 2)
Alcalá s/n, Museum: Di–Fr 9.30–14.30, So und an Stierkampftagen 10–13 Uhr, Metro: Ventas
Die Plaza de Toros Monumental de las Ventas ist die größte Arena ganz Spaniens. Auf den Rängen rund um den Sandplatz, auf dem von Ostern bis Juni sowie im September/Oktober an Wochenenden Stierkämpfe *(corridas)* zelebriert werden, finden 23 000 Zuschauer Platz. Die Ornamentik des 1931 eingeweihten Ziegelsteinbaus greift maurische Stilelemente auf. Angeschlossen ist ein Museum mit Stierkampftrophäen, historischen Dokumenten und Erinnerungen an berühmte Toreros.

Templo de Debod (B 4)
Ferraz s/n
April–Sept. Di–Fr 10–14, 18–20, im Winter 9.45–13.45, 16.15–18.15 Sa, So 10–14 Uhr, gratis
Metro: Plaza de España
Auf dem Hügel am Südende des Parque del Oeste, auf dem Napoleons Soldaten 1808 aufständische Madrilenen erschossen, steht ein dem Gott Ammon geweihter ägyptischer Tempel aus der Zeit um 200 v. Chr. Von seinem ursprünglichen Platz an den Ufern des Nils musste er beim Bau des Assuanstaudamms weichen. Die Ägypter ›verschenkten‹ ihn an Spanien, als Dank für die Arbeit spanischer Archäologen am Nil. Stein für Stein wurde das zwischen zwei Wasserbecken platzierte Heiligtum wieder aufgebaut.

Teatro Real (C 5)
Plaza de Oriente 4, Besichtigung Di–So 10.30–13.30 Uhr, 3 €,
Metro: Ópera
Isabel II., Tochter des Königs Ferdinand VII., der den Prado eröffnen ließ, beauftragte 1831, in einer Zeit politischer Wirren, den Bau des Teatro Real. Der Name ›Königliches Theater‹ und die Lage direkt gegenüber dem Schloss zeigen an, welche Bedeutung Isabel II. dem Haus beimaß. Nach einer glanzvollen Zeit bis etwa 1925 und den folgenden Jahrzehnten des Verfalls ist Madrids Spielstätte für große Opern wieder ein Eckpfeiler im Kulturangebot der Stadt. Große Opern und Ballettinszenierungen kommen hier auf die Bühne. Das

Sehenswert

Tipps für Museumsbesuche

Paseo del Arte-Kombiticket: Paseo del Arte nennt sich das günstigere Kombiticket für den Besuch der drei großen Kunsttempel Museo del Prado, Museo Thyssen-Bornemisza und Centro de Arte Reina Sofía. Es kostet 7,66 €, die Ersparnis gegenüber drei Einzelkarten beträgt ca. 3 €.

Ermäßigter Eintritt: Rentner, Studenten und Jugendliche unter 18 Jahren erhalten Ermäßigungen von 50 % bei Vorlage entsprechender Ausweise.

Eintrittsfreie Tage: Praktisch alle Museen haben eintrittsfreie Tage. Sie gelten allerdings nur für Mitglieder der europäischen Union (Ausweis mitbringen). Hier die wichtigsten im Überblick:

Mittwoch: Monasterio de la Encarnación und Monasterio de las Descalzas Reales (s. S. 89, 90), Museo Cerralbo, Real Academia de Bellas Artes de San Fernando, Königsschloss

Samstagnachmittag: Museo Arqueológico Nacional, Centro de Arte Reina Sofía

Sonntag: Centro de Arte Reina Sofía, Museo Arqueológico Nacional, Museo Cerralbo, Museo de América, Museo Nacional de Artes Decorativas, Museo Nacional del Prado, Museo Sorolla.

Ruhetage: Meist ist der Montag Ruhetag. Generell sind auch der 1. Januar, Karfreitag, der 1. Mai sowie der 25. Dezember Ruhetage.

Alle Museen im Überblick: Madrid besitzt mehrere Dutzend Museen. Die Touristeninformationen (s. S. 20) halten einen aktuellen Ausdruck mit sämtlichen Museen und Öffnungszeiten bereit.

schlichte klassizistische Gebäude, ein unregelmäßiges Sechseck mit vorgeblendeter Säulengalerie, granitgrau wie das Königsschloss, entfaltet seine ganze Pracht im Innern. Der Hauptsaal hat rund 1700 Plätze und prunkvolle Logen, darunter die Königsloge.

Museen

Casa Museo de Lope de Vega (E 6)
Cervantes 11, Tel. 914 29 92 16,
Mo–Fr 9.30–14, Sa 10–14 Uhr
im Aug. geschl., Metro: Antón Martín
1,50 €, Sa gratis

Anfang des 17. Jh. lebte in dem Haus mit Gärtchen im Literatenviertel der Schriftsteller Lope de Vega mit seinen sieben Kindern. Hier bekommt man eine Vorstellung von den damaligen Wohnverhältnissen in Madrid.

Casa Museo de San Isidro (C 6)
Plaza de San Andrés 2, www.munimadrid.es/museosanisidro
Di–Fr 9.30–20, Sa, So 10–14, gratis
Metro: La Latina

Der Adelspalast mitten im Madrid der Habsburger bietet Einblicke in die Stadtgeschichte bis zum Ende der Habsburgerzeit. Bilder und Dokumentarfilme beschwören die Zeit der Inquisition und Autodafés. Benannt ist das kleine Museum nach dem Stadtpatron, dessen tiefer Glaube offenbar Berge versetzen konnte: Als sein Sohn im Brunnen ertrank, der im Museum zu sehen ist, betete der Vater so inständig, dass sein Kind lebend aus dem Brunnen hervorkam.

Sehenswert

Museo de América (A 1)
Avenida de los Reyes Católicos 6
Di–Sa 9.30–15, So, feiertags 10–15 Uhr, Metro: Moncloa, 3,01 €, So gratis
Das Museum ist dem Kontinent gewidmet, den Kolumbus 1492 entdeckte und der in den Folgejahrhunderten zum spanischen Kolonialreich gehörte. Geographie und Landesnatur, die Lebensweise und Kultur der indigenen Völker, die Kolonisierung und Weiterentwicklung der Gesellschaften in Mittel- und Südamerika werden mit zahlreichen Dokumenten erklärt. Ihr Grundstock stammt aus der Königlichen Naturhistorischen Sammlung, die Karl III. 1771 begründet hatte und die zwischenzeitlich dem Archäologischen Nationalmuseum angegliedert war. Zu den Perlen des Museums zählen die Exponate präkolumbischer Kunst, darunter der aus 62 Goldobjekten bestehende ›Schatz der Quimbaya‹ und ein 112 Seiten umfassender Maya-Kodex mit Hieroglyphen und figürlichen Motiven.

Museo Arqueológico Nacional (G 4)
Serrano 13
Di–Sa 9.30–20.30, So bis 9.30–14.30 Uhr, Metro: Colón, Retiro, Serrano, 3 €, Sa nachmittag/So gratis
Der Bau, der zusammen mit der Nationalbibliothek einen Block bildet, enthält archäologische Zeugnisse der spanischen Kulturgeschichte von der Steinzeit bis zum 19. Jh. Höhepunkte sind die Nachbildung der steinzeitlichen Höhlenmalereien von Altamira im Vorgarten und die iberische Skulpturenkunst: Das Grabmal von Pozo Moro und die iberischen Großplastiken von drei Frauen, die nach ihrem jeweiligen Fundort Dama de Elche, Dama de Baza und Dama del Cerro de los Santos heißen, dokumentieren eine hochentwickelte Kultur und Einflüsse aus dem Vorderen Orient. Auch die römischen Funde, die westgotischen Votivkronen sowie die Beispiele maurischer Zierkunst zählen zu den Perlen des Museums.

Museo Cerralbo (C 4)
Ventura Rodríguez 17
Di–Sa 9.30–15, So 10–15, im Juli, Aug. bis 14 Uhr, Metro: Plaza de España 2,50 €, So gratis
Als der Markgraf von Cerralbo 1922 starb, vermachte er sein Palais samt Inhalt der Stadt. Ein Marmortreppenhaus mit Freskenschmuck ist der Auftakt zu einem Rundgang durch 30 Säle, in denen sich der Lebensstil des Madrider Adels im 19. Jh. erahnen lässt. Die Privatsammlungen des Marqués umfassen Mobiliar und Einrichtungsgegenstände, Porzellan, Uhren, Fächer, Waffen, Tapisserien, eine Bibliothek – und Gemälde von Tizian, Veronese, Tintoretto, van Dyck, El Greco, Zurbarán, Ribera, Velázquez.

Museo Nacional de Artes Decorativas (G 5)
Montalbán 12, Di–Sa 9.30–15, So, feiertags 10–15, Juli, Aug. bis 14 Uhr Metro: Banco de España, Retiro, 2,50 €, So gratis
In einem fünfstöckigen Stadtpalais des 19. Jh. werden spanisches Kunstgewerbe und spanische Wohnstile verschiedener Epochen und Regionen vorgestellt. Typische Gebrauchs- und Dekorationsobjekte, Holzmöbel, geschnitzte Holzdecken, lederbespannte Stühle, Ledertapeten, Wandteppiche, Lampen, Kerzenhalter, Spitzenarbeiten. Besonders interessant sind die Kachel- und Keramikarbeiten, u.a. die mit Kacheln aus Manises ausgeschlagene valencianische Küche des 18. Jh.

Sehenswert

Highlight

Museo Nacional Centro de Arte Reina Sofía (F 7)
Santa Isabel 52
http://museoreinasofia.mcu.es
Mo, Mi–Sa 10–21, So 10–14.30 Uhr
Metro: Atocha, ca. 3 €

Ein abweisend wirkender klassizistischer Bau, den Francesco Sabatini im Auftrag Karls III. 1781 als Stadtkrankenhaus errichten ließ, ist Sitz des Kunstzentrums Reina Sofía. Nur die gläsernen Aufzugsschächte vor der Hauptfassade lockern die Strenge des Gemäuers ein wenig auf. Dem MNCARS, so die Abkürzung, lieh die spanische Königin als Schirmherrin ihren Namen. Im Laufe seiner Existenz hat sich das Reina Sofía eine herausragende Reputation erarbeitet, die es der umfangreichen ständigen Sammlung ebenso verdankt wie der aktiven Förderung der zeitgenössischen Kunst durch Ausstellungen und Veranstaltungen. Es ist ein lebendiges Kunstzentrum; mit dem im Laufe des Jahres 2004 fertiggestellten Erweiterungsbau blickt es nach vorn.

In den weiten Fluren und Sälen des Sabatini-Baus, rund um einen schönen Innengarten gelegen und ganz in Weiß gehalten wie in einem strengen Krankenhaus, lenkt nichts von der Betrachtung der Kunstwerke ab. Im zweiten Stock stellt die sogenannte *colección permanente* die bedeutendsten spanischen Künstler des 20. Jh. umfassend vor: Picasso, Dalí, Miró, Gris und Tàpies. **Picassos ›Guernica‹** mit den Studien zu diesem ergreifenden Bild, das unter dem Eindruck des spanischen Bürgerkriegs und der deutschen Bombardierung der baskischen Stadt Guernica entstand, nimmt praktisch einen ganzen Saal ein. Der vierte Stock präsentiert die Kunstströmungen von etwa 1940 bis heute, sowohl spanischer Herkunft wie das ganze internationale Panorama.

Centro de Arte Reina Sofía

Highlight

Museo Nacional del Prado (F 6)
Paseo del Prado s/n
http://museoprado.mcu.es
Di–SO 9–19 Uhr, Metro: Atocha, Banco de España, ca. 3,01 €, So gratis
Hinweis: Am Eingang gibt es ein Falt-

Sehenswert

Alltag im Prado: Maler kopieren die große Kunst

blatt in mehreren Sprachen, das über die aktuelle Anordnung der Kunst in den Sälen des Prado informiert.

Hauptgebäude: Der 1819 unter König Ferdinand VI. eröffnete Prado, ein langgestreckter klassizistischer Bau, den Karl III. ursprünglich als naturwissenschaftliche Akademie errichten ließ, zählt zu den berühmtesten Pinakotheken der Welt. Ihren Grundstock bilden die Gemäldesammlungen der spanischen Könige und die Werke ihrer berühmten Hofmaler, allen voran Velázquez und Goya. Der Prado bietet mit seinen mehr als 10 000 Werken, von denen nur etwa die Hälfte ausgestellt werden kann, ein Panorama der europäischen Kunst vom Mittelalter bis etwa 1850, wobei die italienische, flämische und spanische Malerei dominieren. Hieronymus Bosch, Raffael, Tizian, Tintoretto, Rembrandt, Rubens – die großen Namen der Malereigeschichte – sind hier vertreten. Und auch die Künstler des spanischen Goldenen Zeitalters *(siglo de oro)* wie Murillo, Zurbarán und El Greco sind gut repräsentiert. Keinesfalls verpassen sollte man ›Las Meninas‹ von Velázquez, die ›Familie Karls V.‹ von Goya wie überhaupt den gesamten Goya-Trakt.

Das Erdgeschoss ist der Malerei vom 12. Jh. bis ca. 1600 gewidmet. Zu den Höhepunkten gehören hier die Werke von Botticelli, Fra Angelico, Raffael, Hieronymus Bosch (EL Bosco), Dürer, Tintoretto, Tizian und El Greco. Das Hauptgeschoss stellt die Kunst der zwei folgenden Jahrhunderte vor: Bilder von Rembrandt, Rubens, Anton van Dyck sowie eine umfassende Werkschau von Velázquez und Goya, dazu die Barockkunst von Jusepe de Ribera, Murillo, Zurbarán, Alonso Cano.

Ausstellungen: Oberhalb des Prado, direkt neben der Iglesia de San Jerónimo el Real, steht der von Architekt Rafael Moneo errichtete Museums-Kubus. Er nimmt die Stelle des zuvor abgetragenen Kreuzgangs der Iglesia de San Jerónimo ein. Stein für Stein wurde dieses historische Juwel im Moneo-Bau wieder aufgebaut. Der *cubo de Moneo* mit seinen 2000 m² Fläche stellt ab Ende des Jahres 2004 vier Säle für die temporären Ausstellungen des Prado zur Verfügung und bietet Platz für Cafés und Museumsshops.

Casón del Buen Retiro (G 6):
z. Z. wegen Renovierung geschl.
Direkt gegenüber dem riesigen Stadtpark El Retiro ist dieses Gebäude ein Überbleibsel des ab 1631 unter Philipp IV. errichteten, im Unabhängigkeitskrieg von den Franzosen zerstörten Palacio del Buen Retiro. Zu diesem königlichen Sommerpalast gehörte auch der angrenzende Stadtpark. Der Casón ist eine Außenstelle des Prado, deren Schwerpunkt die Malerei des 19. Jh. bildet. V. a. spanische Maler.

Museo Sorolla (F 1)
Po. General Martínez Campos 37
www.mcu.es/nmuseos/sorolla,
Di–Sa 9.30–15, So, feiertags
10–14 Uhr, Metro: Rubén Darío,
2,50 €, So gratis
Eine umfassende Werkschau des ›Malers des Lichts‹, des Valencianers Joaquín Sorolla. Zu Beginn des 20. Jh. lebte Sorolla in diesem Madrider Palais mit einem kleinen Garten. Das Haus und die darin präsentierte Kunst versetzen in die Zeit der Wende vom 19. zum 20. Jh. zurück: Bilder mit viel Mittelmeerromantik, idyllische Szenen spanischen Lebens und spanischer Landschaften.

Highlight

Museo Thyssen-Bornemisza (F 6)
Paseo del Prado 8, www.museothyssen.org, Di–So 10–19 Uhr,
Metro: Banco de España, 4,80 €
Die einzigartige Gemäldesammlung des Barons Hans Heinrich Thyssen hat in dem neoklassizistischen Adelspalast am Paseo del Prado einen würdigen Rahmen gefunden. Die Anordnung der Bilder folgt historisch-chronologischen Gesichtspunkten, so dass dieses Museum einen Lehrgang durch die Geschichte der Malerei vom 13.–20. Jh. bietet. Im Obergeschoss spannt sich der Bogen von der primitiven italienischen Malerei bis zu flämischen und holländischen Porträts, Genreszenen, Stillleben und Landschaften des 17./18. Jh., die auch noch einen Teil des Mittelgeschosses einnehmen. Besonders gut dokumentiert ist der Impressionismus – mit einer Paradeschau der Kunst von Manet, Rénoir, Dégas, Toulouse-Lautrec, van Gogh, Gaugin, Cézanne, Kokoschka, Matisse. Das gleiche gilt für den Expressionismus, vertreten u.a. durch die Namen Munch, Nolde, Schiele, Kirchner, Heckel, Pechstein, Schmidt-Rottluff, Feininger, Kandinsky, Macke, Marc, Beckmann, Dix und Grosz. Im Erdgeschoss kommt das 20. Jh. zum Zuge, die experimentelle Avantgarde und die klassische Moderne – mit Werken von Mondrian, Schwitters, Gris, Picasso, Max Ernst, Paul Klee, Marc Chagall bis hin zu Edward Hopper.

Real Academia de Bellas Artes de San Fernando (E 5)
Alcalá 13, Di–Fr 9–19, Sa, So, Mo, feiertags 10–14.30 Uhr,
Metro: Sol, Sevilla, 2,40 €, Mi gratis
Die Königliche Akademie der Schönen

Sehenswert

Im Stadtpark El Retiro: Bötchentour auf dem Estanque

Künste führt neben dem Dreigestirn der großen Kunstzentren am Paseo del Prado ein Schattendasein – ein bisschen zu Unrecht. Denn vielen Künstlernamen des Prado begegnet man hier wieder. Die Sammlung spanischer Malerei des 16.–20. Jh. umfasst viele Werke der Maler des Goldenen Zeitalters und einige Kleinode von Goya und Velázquez oder Picasso und Gris. Die **Calcografía** unten im Haus (nur vormittags geöffnet) ist als Graphikmuseum den ›Caprichos‹ von Goya gewidmet.

Real Fábrica de Tapices (H 8)
Fuenterrabía 2, Mo–Fr 10–14 Uhr, Metro: Atocha-Renfe, 2,50 €
Die Königliche Teppichfabrik existiert seit 1721 unter Federführung einer eigens nach Madrid berufenen flämischen Familie. Kostbare Gobelins, wie sie im Madrider Schloss als Wandschmuck zu sehen sind, werden hier an Webstühlen des 18. Jh. gefertigt.

Parks und Gärten

Campo del Moro (B 5-6)
Eingang am Paseo de la Virgen del Puerto, ca. 10–20, Okt. – März bis 18 Uhr, Metro: Príncipe Pío
In den von einem Zaun eingefassten Schlossgärten vor der Westseite des Königspalastes können Besucher lustwandeln, wenn sie nicht gerade wegen eines offiziellen Anlasses gesperrt sind. Isabel II. ließ den Schlosspark im 19. Jh. nach dem Muster englischer Parklandschaften umgestalten. Bei Spaziergängen entdeckt man kleine Pavillons, Brunnen und ein Kutschenmuseum mit rund 50 Karossen aus dem königlichen Fuhrpark (geschl.). Auf dem Gelände lagerten übrigens im Jahr 1109 Truppen der berberischen Almoraviden, die das von den Christen bedrängte islamische Reich auf der Iberischen Halbinsel verteidigen wollten. Der Name des Parks ›Campo del Moro‹ (Lager des Mauren) erinnert daran.

Sehenswert

Casa de Campo (westl. A5)
Metro: Lago, Batán
Das ehemalige Jagdgelände der Könige ist eine riesige Grünzone auf der anderen Seite des Río Manzanares. Besonders an Wochenenden zieht es die Madrilenen hierher: zum Picknicken, zu Bootspartien auf dem See, in den Vergnügungspark Parque de Atracciones, in den Zoo, ins Schwimmbad oder in eines der vielen Restaurants, von denen das **Currito** mit schöner Terrasse einen guten Ruf genießt.

Jardín Botánico (F/G 7)
Paseo del Prado, www.rjb.csic.es
10–18, im Sommer bis 20/21 Uhr
Metro: Atocha, 1,50 €
Der Eingang zum Botanischen Garten befindet sich gegenüber der Südseite des Prado. Eine Attraktion sind die uralten seltenen Bäume und die exotischen Pflanzen aus Lateinamerika und aus dem mediterranen Raum. Karl III. ließ den Botanischen Garten im 18. Jh. von seinem Architektenteam Francesco Sabatini und Juan de Villanueva anlegen.

Highlight

El Retiro (G/H 5-7)
Metro: Retiro, Atocha, Ibiza
Madrids Stadtpark spielt im urbanen Leben eine Schlüsselrolle. Er ist eine Art gemeinsamer Garten. Zumindest einmal sollte man an den Tischen eines der *kioskos* am zentralen Spazierweg Paseo Salón del Estanque gesessen haben und einen *granizado* schlürfend über den See schauen.

Mit 120 ha Grün in zentraler Lage bietet der Stadtpark El Retiro ein gutes Stück urbaner Lebensqualität. 1631–35 hatte Philipp IV. auf dem Gelände die Sommerresidenz Palacio del Buen Retiro anlegen lassen, die Anfang des 19. Jh. im Unabhängigkeitskrieg weitgehend zerstört wurde. Nur wenige Gebäudereliktе, wie der Casón del Buen Retiro, heute ein Nebengebäude des Prado-Museums (s. S. 101), blieben übrig. Nach Ausrufung der Ersten Republik 1873 wurde das Gelände der Öffentlichkeit zugänglich gemacht. Nun tummeln sich hier Spaziergänger und Jogger, Liebespaare und Müßiggänger, Kleinkünstler und Eltern mit Kindern. Besonders sonntags scheint es halb Madrid in den Retiro zu ziehen. Zentrum des Parks ist der künstliche See, der gern für Bootspartien genutzt wird, während sich junge Leute auf den Treppenstufen des Säulenrunds mit dem Reiterdenkmal von Alfons XII. in der Sonne aalen. Sehenswert sind die Brunnenanlagen (s. Tour 3, S. 113) und die beiden Gebäude Palacio de Velázquez und Palacio de Cristal aus dem 19. Jh., in denen gelegentlich Ausstellungen des Centro de Arte Reina Sofía (s. S. 99) stattfinden.

Im Teleférico zur Casa de Campo

Von Grünanlage zu Grünanlage, vom Parque del Oeste über den Stadtfluss hinweg zur Casa de Campo im Kabinenlift schweben: Die Station des Teleférico liegt im Parque del Oeste unterhalb des Paseo Pintor de Rosales (A 3, Metro: Argüelles). Betriebszeiten: April–Sept. tgl. von 11 Uhr bis zum Sonnenuntergang, Okt.–März Sa, So und feiertags 12–18 Uhr; hin und zurück kostet die Fahrt 4,10 €, für Gruppen gibt es Sonderpreise.

Das Schloss von Aranjuez

Ausflüge

Aranjuez

Stilecht nähert man sich Aranjuez im historischen Erdbeerzug, einer alten Dampflok mit Holzwaggons (s.u.). In der fruchtbaren Auenlandschaft 50 km südlich von Madrid, welche die Stadt mit Erdbeeren versorgte, errichteten die seit 1700 regierenden Bourbonen eine königliche Sommerresidenz. Durch die Prunkgemächer des **Palacio Real** finden Führungen statt. Zu Spaziergängen laden die berühmten **Gärten von Aranjuez** ein, die in der zweiten Hälfte des 18. Jh. unter Karl III. und Karl IV. gestaltet wurden. Im Jardín del Príncipe (Prinzengarten) steht die um 1800 für höfische Feste errichtete **Casa del Labrador**. In der **Casa de Marinos** sind die königlichen Barken und Gondeln ausgestellt, auf denen sich die Herrschaften genüsslich auf dem Fluss treiben ließen (Okt.–März Di–So 10–17.15, April–Sept. Di–So 10–18.15 Uhr, Palast und Casa del Labrador je ca. 5 €, am Mi gratis, Barkenmuseum ca. 3 €).

Nahverkehrszüge der Linie C–3 alle 30 Min. ab Estación de Atocha. An Sommerwochenenden von April– Okt. (außer im Aug.) kann man sich Aranjuez in einem Nachbau des historischen Tren de la Fresa nähern, der die Strecke 1851 erstmals befuhr: ab Estación de Atocha (G 8), Information unter Tel. 902 24 02 02. Busse: stündl. ab Estación Sur de Autobuses mit Samar und AISA, Rückkehr von Aranjuez ab C. Infantas 16 (AISA) bzw. Ecke C. Infantas/Stuart (Samar).

Chinchón

Chinchóns unregelmäßiger Hauptplatz, die Plaza Mayor, ist eine einzige Augenweide. Ein Ensemble aus archaischen Landhäusern mit Laubengängen und holzgezimmerten Galerien. Am ersten Sonntag im Monat findet auf der Plaza Mayor ab 10.30 Uhr bis abends ein Kunsthandwerksmarkt statt. Doch nicht nur dieses Platzes wegen schwärmen Wochenendausflügler aus Madrid in das Dorf 45 km südöstlich der Stadt. Chinchón hat als kulinarische Oase einen guten Ruf. Viele Mesones bieten deftige kastilische Landkost an. Als Souvenir kauft man den örtlichen Anisschnaps namens Chinchón. Einen Café sollte man im Vier-Sterne-Parador zu sich nehmen. Er ist in einem ehemaligen Augustinerkloster aus dem 17. Jh. untergebracht.

Mit dem PKW auf der A–3 Richtung Südosten, dann weiter auf der M–313, ca. 45 km. Busse der Ge-

Ausflüge

sellschaft La Veloz ab Av. Mediterráneo 49 (Metro: Conde de Casal).

El Escorial

Gigantisch ist der Palast, den Philipp II. 1563–84 in den Ausläufern der Sierra de Guadarrama, 60 km nordwestlich von Madrid in San Lorenzo de El Escorial, errichten ließ. Ein Koloss aus eisgrauem Granit, dessen Dimensionen von 207 x 161 m der Machtzentrale eines damals bis zu den südamerikanischen Kolonien reichenden Riesenimperiums angemessen sein dürften. Architekt Juan de Herrera konzipierte im Auftrag des Habsburger Herrschers einen kantigen Renaissancebau mit spitzbehelmten Ecktürmchen, der zugleich als Palast und Kloster dienen sollte. Denn Philipp II. war ein flammender Katholik.

Den Museumstrakt – mit einer Dokumentation der Baugeschichte – und die Gemächer der Bourbonen betritt man an der Nordseite. Das **Gemäldemuseum** präsentiert Werke von Tizian, Tintoretto, Rubens, van Dyck, van der Weyden, Velázquez, Zurbarán und El Greco. Die lang gestreckte **Sala de las Batallas** (Schlachtensaal) verdankt ihren Namen den martialischen Szenen der Wandgemälde: Sie stellen die Schlacht von Higueruela im Jahr 1431 gegen die in Granada herrschenden Muslime, die Belagerung von Saint-Quentin durch Philipp sowie die Seeschlacht von Lepanto dar.

Von seinem sparsam dekorierten Arbeitszimmer im schlichten **Habsburgertrakt** regierte Philipp II. ein Weltreich, und vom Schlafgemach, in dem er 1598 starb, verfolgte der strenge Katholik durch eine zur Kirche geöffnete Glastür jede Messe.

Unter der 92 m hohen Kuppel der **Basilika** befindet sich das **Pantheon der spanischen Könige**. In den Marmorsarkophagen der düsteren Gruft ruhen fast sämtliche Herrscher seit Karl V. Ein Schmuckstück ist die mit Fresken ausgemalte **Bibliothek**, die in der strengen Umgebung einen fast heiteren Akzent setzt.

Die Umgebung des Schlosses lädt zum Wandern ein. Unweit des Klosterpalastes ließ Karl III. 1771–75 **Lustschlösschen** für seine Söhne errichten: Die Casita del Príncipe, das Prinzen- oder Untere Schlösschen, liegt am Weg zum Bahnhof; zur Casita del Infante, dem Infanten- oder Oberen Schlösschen, kommt man durch den Paseo de Carlos III., 1 km Richtung Ávila. 2 km weiter, dann links Richtung Robledo de Chavela, findet man auf einer Bergkuppe die so genannte **Silla de Felipe II.** Von diesem ›Felsenstuhl‹ schaute Philipp II. dem Fortgang der Bauarbeiten am Escorial zu – ein herrlicher Aussichtspunkt auf den Klosterpalast und die Gebirgslandschaft der Sierra de Guadarrama.

Öffnungszeiten: Di–So 10–17, April–Sept. bis 18 Uhr, ca. 7 €, mit Führung 8 €; Besichtigung der Bourbonengemächer nach Anmeldung an der Kasse oder unter Tel. 918 90 59 02 jeden Fr um 16 und 17, Sa um 10, 11, 12 sowie 16 und 17, im Sommer um 17 und 18 Uhr.

Busse 661/664 ab Busbahnhof an der Pl. Moncloa (Metro-Station) alle 15 Min. von 7–22 Uhr. Rückfahrt von San Lorenzo de El Escorial ab c/Juan de Toledo. Nahverkehrszüge der Linie C8a von den Stationen Atocha, Recoletos, Nuevos Ministerios und Chamartín stündl.

Extra-

Fünf Spaziergänge in Madrid
1. Madrider Plätze: Einblicke in Geschichte und Gegenwart zwischen Plaza Mayor und Plaza de España
2. Tavernenbummel: Sherry vom Fass und Tapas in den ältesten und schönsten Lokalen der Stadt

Alle Touren sind auf dem großen Faltplan eingezeichnet

Touren

3. Flanieren zwischen Brunnen und Wasserspielen: Über den Prachtboulevard Paseo del Prado in den Stadtpark El Retiro
4. Von Legenden, Heiligen und Volksfesten: Madrider Volksglaube
5. Traditionsläden – Shopping wie vor hundert Jahren

1620 eingeweiht: Madrids historische Plaza Mayor

Tour 1

Madrider Plätze

Plätze, meist die Plaza Mayor, haben in der kastilischen Siedlungsarchitektur eine zentrale Funktion: als Rathausplatz, Marktplatz, Festareal sowie Klatsch- und Nachrichtenbörse – sie sind die Seele jeder Stadt und Gemeinde.

›Sonnentor‹: Das Zentrum

Madrid besitzt viele Plätze, aber nur ein Zentrum: **die Puerta del Sol**. Der Name erinnert an das Sonnentor der im 16. Jh. abgerissenen Stadtmauer. Immer wieder war die Puerta del Sol Schauplatz von Protesten gegen die herrschende Politik. Die größte Versammlung findet hier aber an Silvester statt, wenn alle zu den Glockenschlägen des Uhrturms der **Casa de Correos** zwölf Trauben verzehren – die bringen nämlich Glück! Trotz harmonischer Hausfassaden aus dem 19. Jh.: Mit der Gemütlichkeit einer kastilischen Plaza hat die Puerta del Sol nichts gemein, wie man vom Café der stadtbekannten Konditorei **La Mallorquina** beobachten kann. Gestresste Taxi- und Busfahrer hupen, Menschenknäuel strömen stoßweise aus den Metroschächten. Wie sollte es anders sein: Geographisch und verkehrstechnisch betrachtet, ist die Puerta del Sol der Mittelpunkt Spaniens. Vor der Casa de Correos, der Post von 1768, heute Regierungssitz der Region Madrid, ist im Straßenpflaster der ›**Kilometer 0**‹ eingelassen. Von ihm bemessen sich die Entfernungen aller spanischen Nationalstraßen, die von hier in alle Landesteile streben.

Der historische Hauptplatz

Wie anders gibt sich der ältere Hauptplatz der Stadt, den man durch Torbögen von der Calle Mayor erreicht! Eine typisch kastilische **Plaza Mayor** – eine der schönsten des ganzen Landes. Erdrot gestrichen, mit Laubengängen rundherum und ein paar aufgesetzten Türmchen. Künstler und Straßenmusiker, Städter und Touristen geben sich auf dem autofreien Geviert täglich ein Stelldichein. In der Mitte sitzt hoch zu Ross Philipp IV., der den 1620 eingeweihten, allerdings 1790 nach einem Brand erneuerten Platz errichten ließ. Jahrhundertelang zelebrierte man hier Stierkämpfe und Theater, Heiligsprechungen und Ketzerverbrennungen vor bis zu 50 000 Zuschauern. Der Balkon der **Casa de la Panadería**, des Bäckerhauses, deren moderner Freskenschmuck 1992 aufgetragen wurde, war anlässlich solcher Spektakel für die Habsburgerkönige reserviert. Unter den Arkaden der gegenüberliegenden **Casa de la Carnicería** (Fleischerhaus) befindet sich eine Touristeninformation.

Tour 1

Auch heute ist der Platz eine Bühne, in den Sommermonaten wird er oft für Konzerte unter freiem Himmel genutzt. Sonntags findet unter den Arkaden ein Briefmarken- und Münzenmarkt statt.

Der Rathausplatz

Ein weiterer historischer Platz im Barrio de los Austrias, dem sog. Viertel der Habsburger (s. S. 83), ist die nahe **Plaza de la Villa**, der Rathausplatz. Typisch für die Habsburgerzeit ist der Wechsel von Bruchstein und Ziegeln, wie ihn **Torre und Casa de los Lujanes** (15. Jh.) zeigen. Das Rathaus, die barocke **Casa de la Villa** (1644–96) mit Türmchen, Gaden und aufwändiger Portalgestaltung sowie reicher Innenausstattung, und die Gobelinsammlung in der **Casa de Cisneros** (1537) an der Stirnseite können besichtigt werden (s. S. 95).

Der Schlossplatz

Vorbei an **San Nicolás**, der ältesten Kirche Madrids (12. Jh.), gelangt man zur **Plaza de Oriente**. Sie ist grün und gepflegt wie ein Schlosspark und mit Skulpturen geschmückt. In Reih und Glied stehen hier die westgotischen Könige, die einst die Iberische Halbinsel beherrschten, und in der Mitte sitzt Philipp IV. auf einem sich aufbäumenden Ross, eine Konstruktion, für die der Hofmaler Velázquez die Entwürfe zeichnete. Die Anlage ist ganz so, wie es sich für einen repräsentativen Platz zwischen **Königsschloss** (s. Palacio Real, S. 90) und **Königlichem Opernhaus** (s. Teatro Real, S. 77) gehört. Das Café de Oriente mit seiner Außenterrasse lädt hier zu einer Pause ein. Auf dem Weg zum nächsten Platz kann man auch noch einen Abstecher in die schönen Sabatini-Gärten vor der Nordseite des Schlosses machen. Gegenüber liegt die rückwärtige Front des Spanischen Senats.

Der Spanienplatz

An der **Plaza de España** entstanden in den 1950er Jahren die ersten Hochhäuser Madrids – der ganze Stolz der Franco-Zeit. **Edificio de España** heißt denn auch der seitlich getreppte, sich nach oben verjüngende Bau, der zusammen mit dem **Cervantes-Denkmal** von 1915 eine harmonische Einheit bildet, als wäre er eigens wegen dieser Postkartenansicht so gestaltet worden. Der Dichter Miguel de Cervantes blickt von oben auf die Figuren seines Hauptwerkes: den Ritter Don Quijote zu Pferd und seinen dicken Diener Sancho Panza auf dem Esel Rucio, dessen Rücken ständig von Touristen erklommen wird – eben des Postkartenmotivs wegen.

Die Plätze der Barrios

Mit der Plaza del Dos de Mayo in Malasaña lernt man schließlich einen lebhaften Viertelsplatz kennen. Das Denkmal in der Mitte erinnert an den Widerstand der Madrilenen gegen Napoleons Soldaten. Drumherum breiten sich die Terrassen der Kneipen und Lokale aus – ein Platz voller Leben, tagsüber wie nachts. Ähnlich sind die Plaza de Chueca, die Plaza de Lavapiés und die Plaza Santa Ana lebendige Zentren der *barrios*.

Tour-Info

Start: Metro Sol
Dauer: Bei gemütlichem Gang ohne längere Pausen ca. 1,5–2 Std.
Einkehrmöglichkeiten: Cafés auf den Plätzen Mayor, Oriente und Dos de Mayo.

Tour 2

Eine der ältesten Tavernen Madrids: Casa Alberto

Tavernenbummel

Sherry und Tapas

Im Madrider Literatenviertel findet man an jeder Straßenecke eine Taverne. Schon vor Jahrhunderten sollen hier die großen spanischen Dichter Cervantes, Quevedo, Calderón und Lope de Vega die Lokale fleißig frequentiert haben, um sich vom Weingott Bacchus inspirieren zu lassen. Wie dem auch sei – heute ist die Zahl der Kneipen im Viertel kaum noch überschaubar. Zwischen all den *cervecerías* und neuen Bars gibt es noch eine Handvoll hundertjähriger Tavernen im alten Stil, mit einer Einrichtung wie in Urgroßmutters Zeiten und mit fast musealem Flair.

Wo sich die Dichter inspirieren ließen...

Im Literatenviertel, in der Calle Echegaray, soll denn auch der Rundgang beginnen, und zwar im **La Venencia** (Nr. 7). »Dame un vinito« – Gib mir ein Weinchen: Dies ist hier bis heute die Standardantwort auf die Frage, was es sein darf. Der *vinito* kommt aus Jerez und ist ein Sherry. Wahlweise gibt es trockenen *fino* oder *manzanilla*; Oliven, Käsestückchen oder getrockneter Thunfisch sind dazu die obligatorischen Häppchen. La Venencia ist eine Bilderbuchtaverne mit angestaubten Plakaten und alten Weinfässchen. Den Verzehr notiert der Wirt noch mit Kreide auf der Holztheke.

Los Gabrieles, ein paar Schritte weiter in Nr. 17, ist die nächste Taverne, die kein Madrid-Besucher auslassen sollte. Kunstvolle Kachelbilder von Enrique Guijo und Alfonso Romero schmücken die Wände seit mehr als hundert Jahren und schaffen ein Ambiente, in dem sich von Anfang an die Flamenco-Szene wohlfühlte, und einmal pro Woche gibt es hier immer noch Flamenco-Livekonzerte. Vor allem spätnachts drängeln sich die Leute im Lokal, um ein Gläschen zu trinken.

Hübsche *azulejos* zieren auch die Fassade von **Viva Madrid** in der Calle Manuel Fernández y González 7, seit vielen Jahren ein Szenetreff junger Leute. Unter all den Bars der nahen Plaza de Santa Ana sticht die alteingesessene, 1904 gegründete **Cervecería Alemana** hervor. Deutsch ist nur der Name, denn die *raciones* und *tapas* sind ebenso spanisch wie die Biere. Ein Jahrhundert lang kehrten hier Stierkämpfer, Politiker, Intellektuelle und Schriftsteller ein, und auch Ernest Hemingway saß hier die Stühle warm.

Ein historisches Schmuckstück ist die 1827 gegründete **Casa Alberto** in der Calle Huertas 18, mit alter Theke aus Marmor und Zinn. Der Wein wird nach altem Brauch in Karaffen abgezapft, kann aber auch glasweise bestellt werden. In diesem Haus lebte übrigens am Anfang des 17. Jh. der Dichter Cervantes.

Die Lokale der Toreros und Aficionados

Zur nächsten Taverne ist es ein kleiner Fußmarsch: die Calle Huertas hoch, über die Plaza del Ángel, dann nach links zur Plaza Tirso de Molina. Doch der Weg in die Calle Mesón de Paredes Nr. 13 – im Viertel Lavapiés – lohnt. 1830 gründete der Stierkämpfer Antonio Sánchez die **Taberna de Antonio Sánchez**, ein Lokal mit uralter Theke und vollgestopft mit Erinnerungen an den Stierkampf. Von den Wänden blicken ein paar ausgestopfte Stierköpfe auf die Gäste herab, die, auf alten Holzbänken und Schemeln sitzend, an einem Wein nippen und *tapas* probieren. Das Lokal mutet geradezu museal an und ist ja auch eine der ältesten Tavernen der Stadt.

Zurück zur Plaza Tirso de Molina, dann durch die Calle Duque de Alba und über die Stirnseite der Plaza de Cascorro hinweg, auf der sonntags der Rastro stattfindet (s.S. 55) kommt man in die Calle de San Millán. Die 1857 gegründete, 2001 wiedereröffnete kleine **Taberna Oliveros** (Nr. 4) ist mit ihren alten *azulejos* wie den leckeren Tapas und den kleinen, schmackhaft zubereiteten Gerichten ganz dem alten Stil verpflichtet.

Dann geht es Richtung Plaza de Puerta Cerrada, zunächst in die **Casa Paco** (Pl. Puerta Cerrada 11) und danach in die **Casa Antonio** in der kleinen Calle de Latoneros 10, zwei gleichermaßen hundertjährige Tavernen, die noch das Flair der guten alten Zeit verströmen. Die einstigen Treffpunkte der intellektuellen Debattierclubs der Stadt und der Stierkampfszene werden heute von vielen jungen Leuten angesteuert, die zu Wein und Bier die leckeren Tapas probieren. Auf der Karte der Casa Antonio stehen typisch madrilenische Gerichte wie *callos* (Kutteln) oder *croquetas* (Kroketten, die mit Schinken oder Thunfisch gefüllt werden).

Rund um die Puerta del Sol

Das nächste Ziel ist die Calle La Paz. Gegenüber dem Teatro Albéniz schenkt die **Casa de las Torrijas-El As de los Vinos** karaffenweise Wein aus La Mancha aus. Dazu kann man sich mit den namengebenden *torrijas* (eine Art arme Ritter) stärken. Die paar Marmortische und die schönen *azulejos* sind so alt wie die Taverne, die 1907 eröffnet wurde.

Stadtbekannt ist auch die **Casa Labra** jenseits der Puerta del Sol in der Calle Tetuán 12, weil in diesem Lokal 1879 die Sozialistische Partei gegründet wurde – und weil es hier leckeren, frisch frittierten *bacalao* (Stockfisch) gibt. Nach altem Brauch bezahlt man zuerst an der Kasse und erhält dann für den Bon das Gewünschte von den Kellnern, im Madrider Traditionsstil weiß befrackt, über die Theke geschoben.

Tour-Info

Start: Metro Sevilla
Dauer: Mit kurzen Stops in den beschriebenen Lokalen kann man 3–4 Std. veranschlagen.
Tipp: Die Tour in zwei Abschnitten an zwei Abenden unternehmen: Von La Venencia bis zur Casa Alberto und von Antonio Sánchez bis Casa Labra.

Wahrzeichen der Stadt: Cibeles-Brunnen und Postamt

Tour 3

Flanieren zwischen Brunnen und Wasserspielen

In einem Land, das in den regenärmeren Klimazonen liegt, spielt Wasser naturgemäß eine große Rolle. Die Araber, die Südspanien über acht Jahrhunderte beherrschten, haben daraus eine regelrechte Kultur gemacht, deren Einfluss bis heute unverkennbar ist. In Madrid sind Wasserspiele und Brunnen allgegenwärtig, und nicht zufällig ist es eine besonders schöne und aufwändige Brunnenanlage, die zum Wahrzeichen der Stadt avancierte.

Die schönste Promenade der Stadt

Der Rundgang beginnt am Südende des Paseo del Prado, Madrids schönster Promenade. Paseo del Arte nennt man sie auch, denn Prado- und Thyssen-Museum sowie das etwas abseits gelegene Centro de Arte Reina Sofía (s. S. 99) machen ihn zu einer ›Kunstmeile‹ allererster Ranges. Der Name *prado* erinnert an die einstigen Auen am Stadtrand, durch die sich ein kleiner Bach schlängelte. Er ist unter dem Straßenpflaster verschwunden. An Wasser mangelt es jedoch auch heute nicht auf dem Boulevard, denn die aufgeklärten Bourbonenherrscher, allen voran Karl III., der ›beste Bürgermeister Madrids‹, ließen ihn mit aufwändigen Brunnen und Wasserspielen ausstatten.

Von der Plaza del Emperador Carlos V zum Prado

Den Auftakt der Tour bildet der **Artischockenbrunnen** mitten in der Plaza del Emperador Carlos V. Doch handelt es sich um eine Kopie; das Original zog vor über 100 Jahren in den Stadtpark El Retiro um. Wie alle Brunnen des 18. Jh. auf dem Paseo del Prado entwarf ihn Ventura Rodríguez. Molch und Nereide mit dem Stadtwappen und Kinder, die eine geöffnete Artischocke halten, sind eine allegorische Lobpreisung des Wassers als Lebensquell, der Kindheit als Goldenes Lebensalter und der Heilkraft der Pflanzen.

Auf der Höhe des Platzes mit Eingängen zum Botanischen Garten wie zum weltberühmten Prado-Museum findet man die **Vier-Brunnen-Anlage** (1777–82), ein schönes Ensemble mit vielen Schalen, das von der Fahrspur durchschnitten wird.

Neptunbrunnen

Auf halber Höhe weitet sich der Paseo del Prado zur **Plaza Cánovas de Castillo** mit einem emblematischen Gebäudeensemble. Nicht nur stoßen die klassizistischen Museumspaläste von Prado- und Thyssen-Museum an den Platz, hier liegen auch die Belle Epoque-Luxushotels Ritz und Palace. Das Markenzeichen des Platzes ist der **Neptunbrunnen**. Neptun und Kybele (s. u.) bildeten einst die Endpunkte des sogenannten Salón del Prado, der guten Stube Madrids, die in Form eines Hippodroms zwischen den beiden Wasserspielen angelegt war. Ihre mythologischen Hauptgestalten blickten zueinander, bis man sie kurzerhand auf das Stadtzentrum ausrichtete: Neptun schaut nun die Carrera de San Jerónimo hinauf und Kybele die Calle de Alcalá. Juan Pascual de Mena schuf 1707–84 Neptun, den römischen Gott des Wassers. Über seinem kreisrunden Becken steht er für die essenzielle Bedeutung dieses Naturelements.

Wenige Schritte weiter buchtet sich der Paseo del Prado zur **Plaza de la Lealtad** aus: Obelisk und Feuerschale erinnern an die im Kampf gegen Napoleons Soldaten Gefallenen des 2. Mai 1808. Hinter dem Platz liegt gegenüber dem Ritz die Spanische Börse.

Apollo-Brunnen

Ein Kleinod zwischen Neptun und Kybele ist der **Apollo-Brunnen**, vielleicht das schönste Wasserspiel aus dem 18. Jh., eine Allegorie der Elemente Luft und Feuer, aber auch des Handels, der Industrie, der Kunst und Naturwissenschaften. Darstellungen der vier Jahreszeiten umgeben den Gott.

Kybelebrunnen

Rauschender Höhepunkt am Ende des Paseo ist die **Fuente de la Cibeles**, der Kybele-Brunnen. Die große Mutter der Erde, Göttin der Fruchtbarkeit, eine aus Kleinasien stammende mythologische Figur, ist ein Wahrzeichen Madrids. Francisco Gutiérrez und Roberto Michel hauten sie im 18. Jh. aus Stein, in einem von Löwen gezogenen Karren. Majestätisch thront sie in der Platzmitte, vom Verkehr zweier sich kreuzender Stadtachsen umtost.

Brunnen im Retiro

Die 1779 von Sabatini geschaffene **Puerta de Alcalá**, ein Triumphbogen, ist ebenfalls ein Wahrzeichen der Hauptstadt – und zugleich eine Art Tor zum Stadtpark El Retiro, der sich mit weiteren Brunnenanlagen schmückt. Die Endpunkte des Paseo Salón del Estanque markieren die **Fuente de los Galápagos** – mit wasserspeienden Kröten und Schildkröten sowie mit Dickwansten, die mit Delfinen kämpfen – und der originale Artischockenbrunnen.

Die Hauptpromenade durch den Park führt zu einem besonders schönen und zugleich kuriosen Brunnen, der immer wieder als Hommage an den Teufel interpretiert wird: Denn der **Ángel Caído**, der ›Gefallene Engel‹, ein Werk von Ricardo Bellver (1885), stellt die Vertreibung von Luzifer aus dem Paradies dar.

Tour-Info

Start: Metro Atocha, Atocha Renfe
Dauer: Bei gemütlicher Gangart ohne längere Pausen 1,5–2 Std.
Einkehrtipps: Fast am Ende der Route, mitten im Stadtpark, liegen am See mehrere *kioskos*, in denen man unter schattigen Bäumen mit Blick auf den Estanque einen *granizado* (zerstoßenes Eis mit Limonensirup) zu sich nehmen kann.

Tour 4

Segnung der Tiere am 17. Januar: in der Kirche San Antón

Von Legenden, Heiligen und Volksfesten

Die kleine Madonna, mit der alles begann

Mythen und Legenden prägen den Madrider Volksglauben. An die Anfänge der christlichen Stadt erinnert die Schutzheilige Madrids, die **Virgen de la Almudena**. Gläubige hatten ihr Bildnis vor den Muslimen versteckt, die am Ende des 1. Jt. auch die kastilische Hochebene beherrschten. Alfons VI. fand es 1085 bei der Eroberung des Örtchens am Río Manzanes wieder – was man als ein Zeichen des Himmels wertete. Den Fundort markiert die kleine Madonnenfigur in der weiß gekalkten Wand unterhalb der Kathedrale, genau gegenüber einem Park mit kargen Mauerresten der arabischen Siedlung.

Die historische Legende feierte in der **Catedral de Nuestra Señora de la Almudena** ihre Auferstehung. 1993, nach 100 Jahren Bauzeit, weihte Johannes Paul II. die Madrider Kathedrale ein. Zu ihren bedeutendsten Kunstwerken zählt das Retabel der Virgen de la Almudena von Juan de Borgoña (16. Jh.); der zentrale Silberschrein, von einer Madonnenfigur bekrönt, soll die Reste des von Alfons VI. geborgenen Bildnisses enthalten.

San Isidro, der heilige Landarbeiter

Legenden ranken sich auch um den Stadtpatron **San Isidro Labrador**. In der Kathedrale erinnern die polychromen Darstellungen auf seinem gotischen Sarkophag an sein Wunderwirken und seine Tugenden. Sein Fleiß und tiefer Gottesglaube trafen genau die Eigenschaften, die in der Zeit der Rückeroberung der Halbinsel von den Muslimen im 11./12.Jh. gebraucht wurden. Ganz im Gegensatz dazu bedeutet San Isidro heute in Madrid: freie Tage rund um den 15. Mai, ausgelassene Feiern, Live-Konzerte und Stierkämpfe.

Zum Wunderbrunnen und der Grabstätte des Stadtpatrons

Hinein in die Gassen der Altstadt, in denen der heilige Mann wirkte. Gleich hinter der **Capitanía General** in der Calle Mayor, einem Adelspalast aus dem 17. Jh., führt ein Gässchen hügelab zur **Plaza de la Cruz Verde**, einem pittoresken Altstadtwinkel mit Brunnen. Nichts erinnert daran, dass die berüchtigte Inquisition ihr Gottesgericht über Glaubensabweichler genau hier abhielt, bevor sie für ihre spektakulären Ketzerverbrennungen im 17. Jh. auf der Plaza Mayor einen prunkvolleren Schauplatz erhielt.

Tour 4

Auf der anderen Seite der Calle de Segovia geht es wieder hügelan. Der linker Hand zu sehende Mudéjarturm, 1354 von maurischen Baumeistern geschaffen, gehört zur kleinen **Iglesia de San Pedro** (16. Jh.), einer der ältesten Kirchen Madrids. In ihr verehrt die Gemeinde den ›armen‹ Jesus. Sein ›Gegenspieler‹ thront hoch oben in der Iglesia Jesús de Medinaceli (F 6) am anderen Ende der Altstadt: Der dortige ›reiche‹ Jesus genießt die Fürsorge der Herzöge von Medinaceli und hat auch noch prächtiges natürliches Haar. Gläubige beschwören, dass es wächst!

Jenseits des Schotterbodens der **Plaza de la Paja**, im Mittelalter ein Marktplatz, fällt die spätgotische **Capilla del Obispo** auf, Grablege des Adelsschlechts der Vargas. Sie sollte auch die Reste von San Isidro aufnehmen, doch dieser fand weder hier noch – gleich dahinter – in der **Iglesia de San Andrés** seine letzte Bleibe, obwohl sie nach seiner Seligsprechung 1620 eigens mit riesiger Tambourkuppel und Barockkapelle dafür hergerichtet wurde. Naive Gemälde erzählen im Innern der Kirche vom Leben San Isidros.

Gleich daneben liegt ein alter Adelspalast, die heutige **Casa Museo de San Isidro**. Sie birgt den originalen Wunderbrunnen, aus dem der ertrunkene Sohn des Stadtheiligen nach inständigen Gebeten des Vaters wieder lebendig hervorkam. Das Museum präsentiert weitere Erinnerungen an das mittelalterliche Madrid und an die Inquisition.

Der alte Straßenzug **Cava Baja** (s. S. 46) lädt zum gemütlichen Schlendern ein – auf dem Weg zum dunklen, barocken Innenraum der **Colegiata de San Isidro** (s. S. 87): Sie birgt die Überreste des Stadtpatrons in einem Silberschrein von 1620.

Die Madonnen von San Ginés

Beim Gang über die heitere Plaza Mayor denke man kurz an die Ketzerverbrennungen, bevor man weitereilt in den freundlichen Kirchenraum der **Iglesia de San Ginés**. Die Paradeschau der Madonnen in den Seitenkapellen, eine schöner als die andere, zeigt: Spanien ist eben doch das Land der Marienverehrung. Die Madrider Gemeinde der Riojanos, der Zugezogenen aus der Weinregion La Rioja, trifft sich in der San Ginés-Kirche.

Das Blut von San Pantaleón

Eine Führung durch das **Monasterio de las Descalzas Reales** sollte man ebensowenig verpassen wie das **Monasterio de la Encarnación** (s. S. 89f.). Denn dieses Kloster besitzt eine Schatzkammer mit über 4000 Reliquien, die man einfach gesehen haben muss. Das kurioseste Stück der Sammlung ist eine Ampulle mit dem Blut des Märtyrers San Pantaleón. Am Namenstag des Heiligen, in der Nacht vom 26. auf den 27. April, verflüssigt es sich, so heißt es. Und alle hoffen, dass dies zu keiner anderen Zeit geschieht. Denn dann kündigt sich Unheil an!

Tour-Info

Start: Ab Metro Ópera sind es ca. 5 Min. Fußweg zur Krypta der Kathedrale.
Dauer: Inklusive Besichtigung der Kirchen und Gedenkstätten ca. 3-4 Std.
Einkehrmöglichkeiten: El Viajero am Eingang zur Cava Baja und El Tempranillo in dieser Straße eignen sich gut für einen Stop. Das gleiche gilt für die Cafés auf der Plaza Mayor.

Tour 5

Kuriose Altstadtläden: Selbst Nonnen werden hier fündig...

Traditionsläden

Shopping wie vor 100 Jahren

Der Handel ist seit jeher eine Säule der Madrider Wirtschaft. Doch dass zwischen Supermärkten und Kaufhäusern mit Fabrikware so viele alteingesessene Läden überlebten, mag erstaunen. Mit ihrem Warenangebot und ihren Dienstleistungen, die einer untergegangenen Epoche anzugehören scheinen, muten sie heute fast kurios an. So wird man auf dieser Tour manches ungewöhnliche Souvenir entdecken.

Fächer, Mantones de Manila und Regenschirme

Etwa in der **Casa Jiménez**, Preciados 42. Man fühlt sich hier in die 1940er Jahre versetzt, als sich spanische Frauen mit blumenbunten Seidenschals und bestickten, mit Fransen versehenen Manila-Tüchern schmückten und zum Stierkampf den obligatorischen Kamm ins Haar steckten. Fächer gehörten ebenfalls zum Outfit-Programm.

Diese *abanicos*, mit denen sich die Madrilenen auch heute noch an heißen Tagen Luft zufächeln, sind der Schlager der hundertjährigen **Casa Diego**, Puerta del Sol 12. Sie zählt sogar Königshaus und Adel zu ihren Kunden, auch Lady Di kaufte hier. Der Akt des Beratens, Verkaufens und Kaufens folgt hier noch ganz den alten Regeln. Neben Fächern fabriziert die Casa Diego Regenschirme und Spazierstöcke aus Edelholz.

Handschuhe

Handschuhe sind die Spezialität von **Guantes Luque**, Espoz y Mina 3, wie ein Blick in das Schaufenster des betagten Ladens zeigt: ob aus Leder, Wildleder, Lamé, Spitze oder Strick, ob Fäustling, Pulswärmer oder Abendhandschuhe (Glacé) – hier probiert man nach alter Art, wie die Hand am kleidsamsten beschuht wird.

Capes

Jenseits aller Moden widmet sich **Capas Seseña**, Calle de la Cruz Nr. 23, der Herstellung von *capas*, ein ur-madrilenisches und kastilisches Kleidungsstück, das Adel wie Volk durch die Jahrhunderte trugen. Heute sind die Pelerinen und Capes des Hauses purer Luxus, handgefertigt, aus bestem Stoff – und weithin begehrt, wie die Fotos von Hilary und Bill Clinton, Madeleine Albright oder Michael Jackson im Schaufenster zeigen.

Friedfertiges & Martialisches

Die **Cerería Santa Cruz**, Calle Atocha 5, trotzt mit Osterkerzen, Altarkerzen und Kerzenhaltern der wachsenden Un-

Tour 5

gläubigkeit. Utensilien für Kirchen und Katholiken bieten in dieser Gegend Madrids gleich eine ganze Reihe an Läden an.

Dazu präsentieren sich die Auslagen von **Viuda de Nicolás Gesse**, Esparteros 6, als martialisches Kontrastprogramm: Messer in allen Größen und Varianten, Scheren, Säbel, Schwerter, Stilette aus bestem Material gibt es hier seit 1870. Im Laden blitzt der Stahl aus allen Ecken und von den Wänden. Selbstverständlich kann man hier auch sein Messer schleifen lassen.

Alte Gewerbe rund um die Plaza Mayor

Die Calle de la Sal, die auf einen Torbogen der Plaza Mayor zuführt, ist die Adresse der **Antigua Relojería** (Nr. 2), die seit 1880 Qualitätsuhrwerke verkauft und repariert, und von **El Gato Negro** mit hand- und maschinengefertigten Pullovern und Strickwaren, die noch immer nach Gewicht bezahlt werden, sowie Wolle und Garnen in allen Farben.

Nur wenige der alten Läden unter den Laubengängen der Plaza Mayor wurden nicht durch Souvenirshops und Cafés verdrängt. Doch gibt es noch zwei hundertjährige Hutgeschäfte: Die **Casa Yustas**, Nr. 30, und **Ferquin**, Nr. 35. Durch den Torbogen zur Plaza de la Provincia erreicht man die **Zapatería Tenorio** (Nr. 6) schräg gegenüber dem Außenministerium. In diesem alten Schusterladen werden Weinschläuche, Schnürstiefel und rustikale Lederschuhe auf Bestellung angefertigt.

Alpargatas & BHs

Dann führt die Calle Imperial mit Läden, die Moskitonetze, Sackleinen und Seile feilbieten, sowie mit Hutmachern und Klempnern zur Calle Toledo. Zwei *alpargaterías,* Hanfschuhmacher, vertreiben noch das farbenfrohe, einst typisch spanische Schuhwerk, das im Sommer angenehm zu tragen und preiswert ist: die **Casa Hernanz** (Nr. 18) und **Lobo** (Nr. 30).

Ein paar Schritte weiter hält die **Corsetería La Latina** (von 1925) auch für noch so große Busen den stützenden BH bereit, während *pipas* (Sonnenblumenkerne) kauende Kunden aus dem stadtbekannten Süßwarenladen **Caramelos Paco** treten.

Stierkampfplakate & Weinschläuche

Letztes Ziel ist der Straßenzug Tabernillas/Aguila. **Imprenta Cicerone** (Nr. 13) druckt seit Jahrzehnten Stierkampfplakate und verkauft sie. Auf Wunsch druckt sie Ihren Namen neben den des Arenenhelden ein. Für diejenigen, die zu Hause für ihren großen Auftritt üben wollen, sind dazu Capes und andere Utensilien des Stierkampfes im Angebot.

Selten ist auch das Handwerk des Weinschlauchmachers geworden. Die **Botería de la Calle del Aguila** (Nr. 12) betreibt es noch – und lädt dazu ein, sich den Wein nach alter Manier aus einem Lederbeutel in den Mund zu spritzen.

Tour-Info

Start: Metro Callao
Dauer: Ein Schaufensterbummel ohne Besichtigung der Läden und Einkäufe ca. 2 Std.
Einkehrtipp: Casa Labra in der Calle Tetuán 12 (seitlich der Calle Preciados) oder Casa Antonio in der Calle Latoneros 10 (seitlich der Calle Toledo, s. S. 48).

Register

ABC Serrano 57
Antiquitäten 53
Apartments 34
Aranjuez 7, 79, 104
Auditorio Nacional de Música 75
Ateneo de Madrid (E 6) 76
Barrio de los Austrias (C/D5/6) 82, 83
Basílica de San Fracisco el Grande (B/C 7) 86
Bávaro (F 6) 68
Botín (D 6) 50
Bücher, CDs 53
Café Central (E 6) 73
Café de Chinitas (C 5) 73
Café de Oriente (C 5) 40, 92, 109
Café Gijón (E 4) 40, 68, 93
Café del Espejo (F 4) 40, 68, 93
Cafés 40
Calle de Alcalá (E 5 – M 2) 8, 9, 82, 87
Calle de Argumosa 62, 68, 85
Calle de Augusto Figueroa 57, 60
Calle de Fuencarral 57
Calle del Almirante 52, 57, 85
Calle Serrano 52, 58, 85
Camping 35
Campo del Moro (B 5-6) 92, 102
Capilla del Obispo 115
Casa Alberto (E 6) 63, 111
Casa Antonio (D 6) 48, 111
Casa de América 76, 94
Casa de Campo (westl. A5) 79, 103
Casa de Cisneros 95, 109
Casa de Correos 108
Casa de la Villa 95, 109
Casa de las Torrijas – El As de los Vinos 111
Casa Domingo (C 7) 51
Casa Labra 111
Casa Montes 48
Casa Museo de San Isidro (C 6) 83, 97, 115
Casa Museo de Lope de Vega (E 6) 85, 97
Casa Paco 111
Casa Patas (E 6) 73
Catedral de Nuestra Señora de la Almudena (B/C 6) 87, 114
Cava Baja 47, 82

Centro Cultural Conde Duque (C 3) 76
Centro Cultural de la Villa 76, 94
Centro de Arte Reina Sofía s. Museo Nacional Centro de Arte Reina Sofía
Cervecería Alemana (E 6) 63, 111
Cervecería Los Gatos (F 6) 63
Cervecería Santa Bárbara (F 3) 45, 63
Chinchón 104
Chocolatería de San Ginés (D 5) 66, 86
Chueca 62, 82, 83
Cine Doré (E 6/7) 76
Círculo de Bellas Artes (E/F5) 40, 71, 77, 87
Clamores (E 2) 73
Colegiata de San Isidro (D 6) 87, 115
Colegio Mayor San Juan Evangelista 75
Congreso de los Diputados (E/F 5/6) 87
Delikatessen 53f.
Diskotheken 64f.
Don Cocido (J 2) 51
Edificio de España 109
Edificio de Metrópolis (E 5) 88
El Almendro 13 (C 6) 48
El Amparo (G 4) 47
El Boquerón (E 8) 45, 48
El Candela (E 7) 73
El Cantábrico (J 2) 45, 49
El Escorial 7, 105
El Retiro (G/H 5-7) 75, 79, 103, 113
Estación de Atocha (F 8) 92
Feste, Festivals 71
Filme, Kino 76
Flamenco 71, 72, 73f.
Floh- und Straßenmärkte 55
Fundación Juan March 77
Fußballstadien 81
Galerías Píquer 53
Gays 69, 71
Geschenke, Kurioses 56
Gran Vía (E 5–C 4) 62, 82, 88
Hostales 29ff.
Hotels 28ff.
Hotel Palace (F 6) 8, 34, 93
Hotel Ritz (F 6) 8, 34, 93
Huertas 62, 63, 82, 85, 109
Iglesia de Jesús de Medinaceli 71
Iglesia de las Salesas Reales (F 4) 88

Iglesia de San Andrés 115
Iglesia de San Antón 71
Iglesia de San Ginés 115
Iglesia de San Jerónimo el Real (F 6) 89, 101
Iglesia de San Nicolás 83, 109
Iglesia de San Pedro 71, 83, 115
Internet-Cafés 14
Jardín Botánico (F/G 7) 103
Jardines del Decubrimiento (F/G 4) 94
Jazz 72, 74
Jugendherbergen 35
Julián de Tolosa (C 6) 47
Kartenvorverkauf 70
Kaufhäuser, Ladengalerien 57
Konzerte 75f.
La Ardosa (E 4) 63
La Bola (C 5) 50
La Broche (F 1) 47
La Dolores (F 6) 49
La Mallorquina 108
La Soleá 73
La Taberna de Elisa (E/F 6) 68
La Taurina (E 5) 50
La Venencia (E 6) 63, 11
La Vieja Estación (F 7/8) 68
Las Carboneras (C 6) 73
Las Vistillas (B/C 6) 68, 92
Lavapiés 62, 82, 85
Lesben 69
Lhardy (E 5/6) 51
Literatenviertel s. Huertas
Libertad 8 (E 5) 66
Los Gabrieles (E 6) 63, 111
Malasaña 62, 82, 85
Markthallen 54
Mode 58
Monasterio de la Encarnación (C 5) 82, 83, 89, 115
Monasterio de las Descalzas Reales (D 5) 82, 83, 90, 115
Museo Arqueológico Nacional (G 4) 98
Museo Cerralbo (C 4) 98
Museo Chicote 64
Museo de América (A 1) 98
Museo de Escultura al Aire Libre (G 2) 93
Museo Municipal (E 3/4) 85

Museo Nacional Centro de Arte Reina Sofía (F 7) 9, 82, 99
Museo Nacional de Artes Decorativas (G 5) 97, 98
Museo Nacional de Ciencias Naturales (nördl. G 1) 79, 93
Museo Nacional del Ferrocarril (F 8) 79
Museo Nacional del Prado (F 6) 9, 82, 99ff.
Museo Sorolla (F 1) 101
Museo Thyssen-Bornemisza (F 6) 9, 82, 101
Museumsshops 56
Musik-Bars 65
Musikinstrumente 60
Ne
Oper, Zarzuelas 68
Palacio de Buenavista 94
Palacio Longoria (E 4) 85
Palacio Real (B/C 5) 82, 90, 109
Panteón de Goya (A 4) 91
Paseo de la Castellana 62, 68
Paseo de Recoletos (F 5 – G 4) 62, 92
Paseo del Prado (F 5–7) 82, 92, 112
Pedro Larumbe (G 2) 47
Plaza de Cánovas del Castillo 92, 112
Plaza de Chueca 62
Plaza de España (C 4) 95, 109
Plaza de la Cibeles (F 5) 87, 93, 113
Plaza de la Villa (C 6) 83, 95, 109
Plaza de Oriente (C 5) 68, 109
Plaza de Toros Monumental de las Ventas 78
Plaza del Dos de Mayo (D 3) 62, 68, 71, 85, 109
Plaza Mayor (D 6) 82, 83, 95, 108
Plaza Santa Ana (E 6) 62, 68, 85
Populart (E 6) 73
Prado s. Museo Nacional del Prado
Pubs 68f.
Puerta de Alcalá (G 5) 87
Puerta de Europa 93
Puerta del Sol (D/E 5/6) 96, 108
Rastro 52, 55, 85
Real Academia de Bellas Artes de San Fernando (E 5) 75, 87, 101
Real Fábrica de Tapices (H 8) 102
Restaurants 40ff.

Retiro, s. El Retiro
Salamanca 58, 82, 85
Schmuck 59
Schuhe 60
Stierkampf 78
Taberna Ángel Sierra 63
Taberna de Antonio Sánchez (D 7) 48, 111
Taberna de Cien Vinos (C 6) 50
Taberna Los Ángeles (D 5) 50
Taberna Oliveros (D 7) 50, 111
Tapas 48ff.
Tavernen 48ff., 63
Teatriz (G 3) 48
Teatro Albéniz (D 6) 77
Teatro de la Comedia (E 6) 77
Teatro de La Zarzuela (E/F 5) 77
Teatro Español (E 6) 77
Teatro María Guerrero (F 4) 78
Teatro Real (C 5) 77, 96, 109
Teleférico (A 3) 79, 103
Telefónica (E 5) 88
Templo de Debod (B 4) 96
Theater 77f.
Tienda de Vinos (E 4) 35
Torre Picasso 93
Torre und Casa de los Lujanes 95, 109
Traditionsgeschäfte 60f., 116f.
Tren de la Fresa (F/G 8) 79, 104
Viva Madrid (E 6) 63, 111
Wohndesign 61
Zoo-Aquarium (westl. A5) 79

Alle Angaben ohne Gewähr. Für Fehler können wir keine Haftung übernehmen.
Ihre Anregungen greifen wir gern auf – schnell und unkompliziert.
Unsere Service-Nummer: 0190/145031 (0,61€ pro Minute)
DuMont Reiseverlag, Postfach 101045, 50450 Köln, E-Mail: info@dumontreise.de

---

Fotonachweis:
Titelbild: Blick von der Plaza Mayor auf die Colegiata de San Isidro
S. 6/7: Die Taverne La Taurina
S. 26/27: Madrids Postamt im Zuckerbäckerstil
S. 106/107: Plaza Mayor

Manuel G. Blázquez, Madrid: S. 26f., 42, 52, 61, 70, 114
Niko A. Chicote, Madrid: Titelbild, S. 49, 67, 73, 75, 99
Franz M. Frei/Look, München: S. 2, 80
Ralf Freyer, Freiburg: S. 88, 91, Umschlagrückseite (oben)
Monica Gumm/White Star, Hamburg: S. 1, 6f., 10, 36, 41, 47, 55, 62, 65, 82, 88f., 100, 102, 110, 112, Umschlagrückseite (unten)
Gernot Huber/Laif, Köln: S. 3, 9, 94, 104
K. H. Raach/Look, München: S. 106f.
Alonso Serrano, Madrid: S. 14
Jörg Steinert/White Star, Hamburg: S. 8, 12, 78, 108, 116

Kartografie: © DuMont Reiseverlag, Köln

© 2004 DuMont Reiseverlag, Köln
Alle Rechte vorbehalten
Grafisches Konzept: Groschwitz, Hamburg
Druck: Rasch, Bramsche
Buchbinderische Verarbeitung: Bramscher Buchbinder Betriebe

ISBN 3- 7701-6454-7